D1689493

KELLY HOPPEN
Stil und Design

Kelly Hoppen

Für S

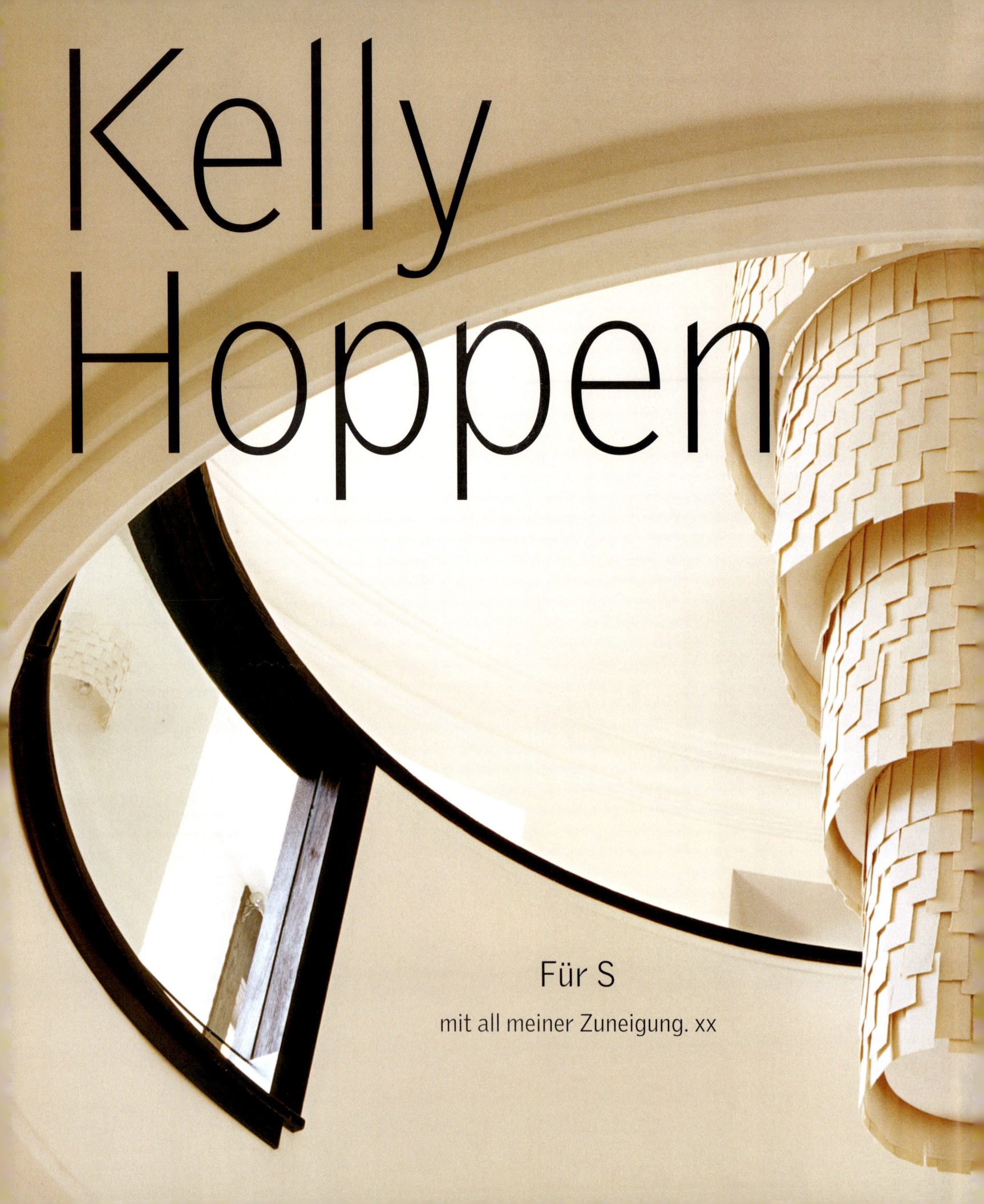

mit all meiner Zuneigung. xx

Stil und Design

Das Interior-Handbuch

Text von Helen Chislett
Fotos von Vincent Knapp

Deutsche Verlags-Anstalt München

Aus dem Englischen übersetzt von Wiebke Krabbe

Bibliografische Information der Deutschen Bibliothek
Die Deutsche Bibliothek verzeichnet diese Publikation in der Deutschen Nationalbibliografie; detaillierte bibliografische Daten sind im Internet über <http:dnb.ddb.de> abrufbar.

© 2005 Deutsche Verlags-Anstalt GmbH,
München (für die deutsche Ausgabe)

Titel der Originalausgabe *Kelly Hoppen Style*
Text copyright © Kelly Hoppen
Photos, Design und Layout © Jacqui Small 2004
Jacqui Small, imprint of Aurum Press Ltd, London

Alle Rechte vorbehalten
Herausgeber: Jacqui Small
Lektorat: Bella Pringle
Grafische Gestaltung: Lawrence Morton
Herstellung: Geoff Barlow und Peter Colley
Kelly Hoppens Buch Creative Director: Kim Jackson

Satz der deutschen Ausgabe: Edith Mocker

Printed and bound in Singapore

ISBN 3-421-03519-9

Inhalt

EINLEITUNG 6

STIL FÜR KENNER 8
Kellys Inspirationen · Die Natur · Globale Einflüsse
Luxus und Detail · Ein bisschen Drama · Lieblingsstücke

GOLDENE REGELN 30
Raum und Funktion · Farbe und Textur · Licht und Beleuchtung
Dekorative Beleuchtung

WOHNDETAILS 114
Schränke und Türen · Wohntextilien · Accessoires und Präsentation

Adressen 168

Register und Dank 176

Einleitung

Einer der schönsten Aspekte beim Produzieren eines Buches ist, dass man sich Zeit nehmen muss. Diese Momente des Innehaltens, in denen man Raumkonzepte betrachtet, über sie nachdenkt und entscheidet, worauf es wirklich ankommt, sind sehr wichtig. Interessant ist dabei, dass ich meine eigene Wohnung nun ganz anders wahrnehme als noch vor drei Jahren. Mein letztes Buch erschien am 11. September 2001 – einem schwarzen Tag der jüngeren Geschichte. Bis dahin zielte Raumdesign vor allem darauf ab Eindruck zu machen. Inzwischen hat sich aber viel verändert. Wir haben erkannt, dass ein schönes Zuhause keine Selbstverständlichkeit, sondern ein Privileg ist. Wir verbringen mehr Zeit zu Hause und wünschen uns die Wohnung als warmen, schützenden Kokon. Für Auftraggeber von Innenarchitekten hat der Wow-Faktor heute eine geringere Bedeutung als früher, sie haben sich anderen Werten zugewandt und wollen sich zu Hause sicher, behaglich, entspannt und glücklich fühlen. Das Haus zum Vorführen hat ausgedient, heute soll ein Haus vor allem ein Zuhause sein. Dem kann ich nur zustimmen. Natürlich ist das Aussehen eines Raums wichtig, vor allem muss er aber an der Lebenswirklichkeit des oder der Bewohner orientiert sein. Was zählt, ist wie man sich darin fühlt – ob man nun isst, sich unterhält, liest oder schläft. Innenarchitektur bedeutet heute Raum, Licht, Farbe und Textur in den Dienst des Wohlbefindens zu stellen. Wenn jemand in einen von mir gestalteten Raum tritt und dieser sich positiv auf seine Stimmung auswirkt, ist das für mich das schönste Kompliment. Ich bin davon überzeugt, dass eine freundliche, ruhige und harmonische Umgebung für die Gesundheit eines Menschen ebenso wichtig ist wie eine vernünftige Ernährung und regelmäßige Bewegung.

Ich weiß wohl, dass mein Stil viele Nachahmer gefunden hat, doch gelingt es nur wenigen, das Wesentliche zu erfassen und umzusetzen. Dieses Buch wendet sich an alle, die meinen Stil schätzen und doch manchmal das Gefühl haben, die Feinheiten nicht genau zu treffen. Ich habe versucht, 25 Jahre Berufserfahrung in einigen »goldenen« Grundregeln zusammenzufassen. Jedes Kapitel konzentriert sich auf einen anderen Aspekt des Gestaltungsprozesses. In *Raum und Funktion* beispielsweise geht es um die Einschätzung des Potenzials eines Raums, noch ehe man über Möbel oder Beleuchtung nachdenkt. Anschließend werden weitere Teilaspekte beleuchtet, etwa Farbe und Textur, Schränke und Türen, Wohntextilien sowie Accessoires und ihre Präsentation.

Ein Buch zu schreiben ist wie eine Reise – und diese war für mich besonders interessant. Beim Gestalten gehe ich spontan und intuitiv vor, daher geht es mir gegen den Strich, mich hinzusetzen und zu analysieren, was ich wie und warum getan habe. Die Erfahrung aus meiner Design-Schule hat mir geholfen, meine Ideen zu vermitteln und selbst besser zu verstehen, warum das eine Konzept großartig funktioniert und ein anderes nicht, warum manche Menschen Schwierigkeiten beim Einrichten haben und es anderen scheinbar mühelos gelingt. Dies ist ein Buch für alle, die sich ganz der Gestaltung ihres Zuhause hingeben möchten. Ich weiß genau, wie es ihnen geht.

Stil für Kenner

ORGANISCH NATÜRLICH LUXURIÖS

GLOBAL   DRAMATISCH   GELIEBT

IN DIESEM KAPITEL GEHT ES UM DIE EINFLÜSSE UND ANREGUNGEN, DIE MEINE ENTWÜRFE BESTIMMEN. MANCHE SIND OFFENSICHTLICH, ANDERE WENIGER. VOR ALLEM ZÄHLT JEDOCH, DASS SIE NICHT STATISCH SIND. AUF MANCHE INSPIRATIONSQUELLEN GREIFE ICH IMMER WIEDER ZURÜCK, ETWA DIE NATUR ODER DIE EINFLÜSSE ASIATISCHER UND PRIMITIVER KULTUREN. DENNOCH ENTDECKE ICH JEDES MAL NEUE, FASZINIERENDE FACETTEN. DESIGN-INSPIRATIONEN SOLLTEN DIE GRENZEN DES OFFENSICHTLICHEN SPRENGEN. ORGANISCH BEDEUTET NICHT NUR, AUF EINEM SPAZIERGANG MOOS ZU SAMMELN, SONDERN AUCH KOMPLEXE, INTERESSANTE FORMEN ZU ENTDECKEN. GLOBAL HEISST NICHT, WAHLLOS SOUVENIRS ZU HORTEN, SONDERN DEN VISUELLEN NUANCENREICHTUM DER WELT ANZUERKENNEN. LUXUS HAT NICHTS MIT EINER DICKEN BRIEFTASCHE ZU TUN, SONDERN DAMIT, DASS EINE WOHNUNG SO GUT »PASSEN« SOLLTE WIE EINE MASS-

GESCHNEIDERTE GARDEROBE. MICH WUNDERT, WIE OFT MENSCHEN HOCHGLANZZEITSCHRIFTEN UND BÜCHER NACH INSPIRATIONEN DURCHSTÖBERN, ABER OFFENBAR UNFÄHIG SIND, AUS DER SUBJEKTIVEN WAHRNEHMUNG IHRER UMGEBUNG EIGENE IDEEN ZU ENTWICKELN. WARUM VERTRAUEN SIE NICHT IHREN INTUITIVEN REAKTIONEN? SIE SOLLTEN LERNEN, NICHT NUR MIT DEN AUGEN ZU SEHEN, SONDERN AUCH MIT DEM HERZEN. STIL UND GESCHMACK SIND SCHLIESS-LICH RELATIV. DIE FRAGE IST AUCH NICHT, OB EINE PERSON EINEN GUTEN GESCHMACK HAT UND EINE ANDERE NICHT, SONDERN WIE MAN ETWAS INDIVI-DUELL EMPFINDET. IN DIESEM KAPITEL MÖCHTE ICH IHNEN VOR ALLEM EINEN RAT GEBEN: NEHMEN SIE IHRE UMGEBUNG MIT HERZ UND SEELE WAHR UND ENTDECKEN SIE, WAS SIE WIRKLICH ANSPRICHT. WIE SONST KÖNNTEN SIE WISSEN, WIE SIE IHRE GANZ PERSÖNLICHE WOHNUNG GESTALTEN WOLLEN?

Kellys Inspirationen

In meinem Büro gibt es einen Kasten mit der Aufschrift »Kellys – nicht berühren!« Und wehe dem, der es doch wagt, denn in dem Kasten bewahre ich Zeitungsausschnitte, Fotos und Postkarten auf, die mich an geliebte Orte und Bilder erinnern. Ständig kommt Neues hinzu und ich habe großes Vergnügen daran, in diesem Kasten zu stöbern, den man mit einem »greifbaren Gedächtnis« vergleichen könnte. Fällt mir ein bestimmtes Bild in die Hand, reise ich im Geist in eine andere Zeit, an einen bestimmten Ort. Es ist nicht nur ein visuelles Erlebnis, denn es beschwört auch Gerüche, Geräusche, einen Geschmack und eine Atmosphäre herauf. Dann löse ich mich von der Erinnerung und überlege, wie ich diese emotionalen Aspekte in meinem Design ausdrücken kann. Wir alle werden täglich von Dingen beeinflusst, die wir sehen und erleben, der Unterschied besteht nur darin, dass ich mir dessen stärker bewusst bin als viele andere Menschen. Sehe ich das Bild eines frischen Leinenhemds mit einem geflochtenen Ledergürtel, fällt mir dazu möglicherweise eine Schlafzimmereinrichtung in ebenso frischem Weiß ein, aufgelockert durch nichts als ein gestepptes Leder-Betthaupt. Gehe ich mir in einem Restaurant die Hände waschen und nehme dort einen Hauch eines besonderen Parfüms wahr, begleitet er meine Gedanken vielleicht noch eine Weile und fließt in mein Design mit ein. Wenn ich bei einem Winterspaziergang die dunklen Silhouetten der Bäume vor grau-weißem Himmel sehe, könnte mir in den Sinn kommen, diese grafische Strenge durch Wengé-Stühle vor Leinenvorhängen auszudrücken. Machen Sie sich bewusst, dass solche Anregungen allen Menschen zur Verfügung stehen. Es geht nur darum, die Augen und alle anderen Sinne zu sensibilisieren.

    Gutes Design berührt Menschen – und erst durch diese Berührung wird es gut. Es kommt vor, dass man ein Buch mit Schwarz-Weiß-Fotos aufschlägt und ein Bild entdeckt, das an ein bestimmtes Erlebnis erinnert. Das Motiv muss weder ein Ort noch eine Person sein. Viel häufiger werden unterschwellige Emotionen angesprochen, etwa Glück, Erfolg, Freude. Wenn ich in »Kellys Box« stöbere, suche ich selten direkte Anregungen, etwa konkrete Farben oder Texturen, sondern ich versuche an meine Erfahrungen anzuknüpfen und diese in meine Arbeit einfließen zu lassen.

KELLY'S
DO NOT
TOUCH!

Die Natur

DIE BASIS MEINER ARBEIT BILDET EIN GEFÜHL DER HARMONIE MIT DER NATUR. DARIN LIEGT AUCH EINE SPIRITUELLE DIMENSION, DENN WER MIT DER NATUR IM EINKLANG IST, IST IM EINKLANG MIT SICH SELBST. AUSSERDEM LIEFERT DIE NATUR MIR VIELSCHICHTIGE ANREGUNGEN.

Die Natur ist voll von hinreißenden Farben, Texturen, Formen und Mustern, die oft auch reizvolle Kontraste bilden: matt und glänzend, hell und dunkel, weich und hart. Denken Sie beispielsweise an etwas so Einfaches wie Flechten auf einem Stein oder Raureif auf Grashalmen. Überall kann man Beispiele für die Schönheit der Natur finden, etwa das Schattenspiel schnell ziehender Wolken auf einem Weizenfeld oder papierzarte Seerosenblüten auf dem schimmernden Wasser eines Teichs im Sommer.

Die Natur beeinflusst mein Design direkt und indirekt. Der direkte Einfluss zeigt sich darin, dass ich sehr gern mit Naturmaterialien arbeite, sei es nun Stein, Holz, Leinen, Horn oder eines der zahllosen anderen schönen Materialien. Auch Pflanzen sind mir sehr wichtig, darum sind sie neben Polsterstoffen und Farbmustern immer auf meinen Ideen-Pinnboards zu finden. Allerdings beschränke ich die Dekoration nicht auf Blumen, sondern setze gern blank polierte Früchte, Korallen, Borke oder Tauwerk als Accessoires ein.

Ich lasse Inspirationen aus der Natur aber auch indirekt in meine Entwürfe einfließen. Eine Wendeltreppe beispielsweise könnte sich an der Struktur eines Schneckenhauses orientieren, ein Seidenläufer auf einer Wolltischdecke könnte eine textile Interpretation von Mondlicht auf Wasser sein, das Zusammenspiel von Licht und Schatten in einem Raum könnte sich aus der Beobachtung von langen, dunklen Baumschatten auf einem Rasen entwickelt haben.

Vor allem bietet die Natur vielfältige Kontraste, für die ich eine besondere Leidenschaft habe. Meine Entwürfe fußen fast immer auf den Prinzipien von Raster und Symmetrie, weil diese linearen Konzepte eine grundlegende Struktur und Ausgewogenheit schaffen. Doch ist diese Basis einmal etabliert, löse ich ihre Strenge mit ausdrucksvollen, asymmetrischen Formen auf. Die Natur ist auch eine großartige Inspirationsquelle für Kunsthandwerker, etwa Glasbläser oder Töpfer, deren Werke ich gern wie Skulpturen einsetze.

Eines möchte ich ganz besonders betonen, dass nämlich organisch keineswegs mit rustikal gleich zu setzen ist. Ich greife bewusst Impulse auf, die in moderne, urbane Interieurs ebenso gut passen wie in ländliche. Es kommt nur auf den sicheren Blick an.

LINKS Dieser elegante Schrank gehört zu einem Paar, das nebeneinander in einem Esszimmer steht. Durch die frei tragenden Böden und die Faseroptik-Beleuchtung bildet er den perfekten Rahmen für das organisch geformte, mundgeblasene Glasobjekt, die große Gipsmuschel und die schlichte Glasvase mit weißem Sand und einer Koralle.

RECHTS Die Treppe aus lackiertem Beton wurde nach Maß für diese Wohnung gebaut. Ihre Form knüpft an die Gipsmuschel an (mittleres Regal, links), die im gleichen Raum steht. Die ausdrucksvolle Form bildet durch den weißen Anstrich einen sehr dynamischen Blickfang.

LINKE SEITE In diesem Marmorbad sorgen kleine Kiesel in einem Bett aus Kunstharz für Abwechslung. Der Streifen zieht sich wie ein Läufer über den Boden und reicht an zwei gegenüber liegenden Wänden bis zur Decke.

LINKS Zwei zylindrische Glasvasen mit getrockneten Samenkapseln wirken vor der Putzwand dieses Gäste-WCs wie ein kunstvolles Stillleben. Warum soll man teure Blumen kaufen, wenn solche schönen Formen umsonst zu haben sind?

UNTEN Der Korbsessel mit der offenen, wunderbar weich geschwungenen Form bildet den Blickfang in einem ansonsten sehr strengen, linearen Schlafzimmer. Reizvoll ist auch das Schattenmuster, das sein Geflecht auf den Boden wirft, wenn Sonnenlicht darauf fällt.

Globale Einflüsse

DER BEGRIFF »GLOBAL« IST IN DEN LETZTEN JAHREN OFT MISSBRAUCHT WORDEN – ALLZU OFT ALS SYNONYM FÜR »ETHNISCH«. UNTER LETZTEREM BEGRIFF WIEDERUM VERSTEHEN VIELE MENSCHEN NICHT ETWA DIE VIELFALT DER KULTUREN, SONDERN IMITIERTE BUDDHASTATUEN, VOGELKÄFIGE UND DEKO-SCHNICKSCHNACK ALS DUTZENDWARE.

Was vor zehn Jahren bei einem inzwischen ausufernden Asien-Trend neu und aufregend war, nutzt sich nun ab und wirkt manchmal fantasielos. Die Dinge, die ich global nenne, bekommt man nicht im Kaufhaus. Um sie zu finden, muss man die Welt bereisen. Typische Feriensouvenirs kaufe ich nur selten ein, denn ich finde es einfach deprimierend, sämtliche Passagiere eines Flugzeugs identische Teppiche, Schnitzfiguren oder Körbe in den Gepäckablagen verstauen zu sehen. Außerdem versuche ich, es nicht zu übertreiben – gut gewählte Kleinigkeiten können große Wirkung haben.

OBEN Afrikanische Figuren im Stil Giacomettis dienen hier als interessante Wohnraumdekoration. Die schlanke Eisenlampe und der schmale Bronzetisch haben ähnlich simple Formen und metallische Oberflächen, sodass sich ein geschlossenes Gesamtbild ergibt.

OBEN RECHTS Stattliche afrikanische Trommeln, jede aus einem einzigen Stück Holz geschnitzt, sind ein imposanter Blickfang in dieser geräumigen Diele. Die matte Oberfläche des Holzes kontrastiert reizvoll mit dem glänzenden Boden und den glatten, weißen Wänden.

RECHTS Auch durch Schwarz-Weiß-Fotos mit Großwildmotiven kann man afrikanisches Flair in die Wohnung holen. Der originelle, bemalte Rahmen ist ebenso wie die Reihe aus einzelnen Amaryllisblüten ein gutes Gegengewicht zu dem nüchtern-kantigen Kamin.

Feder-Hüte, wie sie bei einem afrikanischen Stamm zu besonderen Zeremonien getragen werden, sehen auf dem wuchtigen Couchtisch in dunklem Schokoladenbraun spektakulär aus. Die intensive Farbe und die ungewöhnlichen Formen setzen in diesem ganz neutral gehaltenen Raum einen markanten Akzent.

Für mich hat der Begriff global noch eine weitere, eher unterschwellige Dimension. Auf Reisen schalte ich mental einen oder zwei Gänge zurück und versuche, für alle neuen Eindrücke offen zu sein. Das ist, als würde ich einen virtuellen Aktenschrank in meinem Kopf mit lauter schönen Dingen füllen – Formen, Texturen, Licht, Farben, Mustern oder auch dem Zusammenwirken mehrerer Faktoren. Ich lege in den imaginären Aktenordnern aber nicht nur visuelle Wahrnehmungen ab, sondern auch andere Sinneseindrücke, Gefühle, Stimmungen. Ich nehme weder Hunderte von Fotos auf noch mache ich ausführliche Notizen. Statt dessen versuche ich, einen neuen Bereich meines Gehirns zu öffnen, der all diese Impressionen aufnimmt. Zu Hause in meinem Büro beginne ich dann zu zeichnen. Bald tauchen all die abgespeicherten Bilder wieder auf und lenken meine Kreativität in eine bestimmte Richtung. Auf Hawaii beispielsweise gab die graue Rinde einer Palme den Impuls für die Gestaltung eines Strandhauses. In Neuseeland war es der leichte Wind im Gesicht, der den Anstoß für duftige Vorhänge gab – so fein, dass ihre Berührung sich wie ein Lufthauch anfühlt. Ebenso könnte es ein bestimmtes Licht oder die fast greifbare Stille beim Betreten eines Tempels sein.

Es heißt, durch sinkende Flugpreise würden auch ferne Ziele leichter erreichbar, die Welt werde kleiner. Doch das ist eine Illusion, die Welt ist noch immer riesig und es gibt viel zu erkunden. Überall sprechen, essen, schlafen und wohnen die Menschen unterschiedlich. Öffnen Sie die Augen für all die Schönheit und finden Sie eigene Wege, diese in Ihrer Wohnung zum Ausdruck zu bringen.

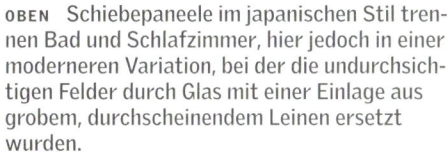

OBEN Schiebepaneele im japanischen Stil trennen Bad und Schlafzimmer, hier jedoch in einer moderneren Variation, bei der die undurchsichtigen Felder durch Glas mit einer Einlage aus grobem, durchscheinendem Leinen ersetzt wurden.

LINKS Die strenge Ordnung dieses Arrangements im Zen-Stil zeigt offenkundig asiatische Einflüsse – von der schlichten, niedrigen Bank bis zu dem Lacktablett mit den aufgereihten, metallenen Kerzenhaltern und den perfekten Proportionen der Schalen und Bücher.

OBEN Ein steinerner Buddha bildet das optische Zentrum dieses perfekt ausgewogenen Arrangements. Besonders reizvoll ist die subtile Verbindung zwischen den mit Seil umschlungenen Vasen links im eingebauten Regal und den Seilen in Glasgefäßen rechts.

GANZ OBEN Eine schön geformte Holzsäule ist ein idealer Platz für eine Glasvase mit Pflanzen, die ausgezeichnet zu dem Leinenrollo im Shoji-Stil passt und gleichzeitig – im Sinne fernöstlicher Philosophie – dem Auge einen Punkt zum Ausruhen bietet.

RECHTS Fernöstliche Ästhetik hat das Möbeldesign in den letzten Jahren beeinflusst, das zeigt auch diese Kommode aus Holz und Bronze. Zwei Glasvasen mit Korallen und ein ungerahmtes Foto, das den Blick zu einem fernen Horizont zieht, runden dieses ruhige Ensemble ab.

Luxus und Detail

FRÜHER VERSTAND MAN UNTER LUXUS VERGOLDETE WASSERHÄHNE UND WANDGROSSE MARMORPANEELE. ALS SICH DANN STRENGE UND SCHLICHTHEIT IM DESIGN ZUNEHMEND DURCHSETZTEN, ERHIELT DER BEGRIFF LUXUS EINEN NEGATIVEN BEIGESCHMACK. IM 21. JAHRHUNDERT JEDOCH HAT ER EINE GANZ NEUE BEDEUTUNG GEWONNEN.

Es ist schon ironisch, in welcher Weise die Luxusgüter-Industrie den Individualismus verdrängt hat. In den Einkaufspassagen der Großstädte sieht man überall die gleichen Namen und Produkte. Vorbei sind die Zeiten, als man nach New York, Paris oder Rom reiste und unverwechselbare, ganz besondere Stücke mitbrachte. Wen wundert da noch, dass »50er-Jahre-Design« so im Trend liegt, denn diese Einzelstücke besitzen eine Originalität, die den weltweit vertretenen Luxusmarken heute fehlt.

Ich setze gern luxuriöse Materialien ein, doch der Grund besteht keineswegs darin, dass sie teuer und exklusiv sind. Es geht mir weniger um ihren materiellen Wert, sondern darum, wie sie sich anfühlen und in welcher Hinsicht sie eine Einrichtung bereichern. Traditionelle Luxus-

Luxus im modernen Sinne muss nicht protzig sein. Ein Raum ganz in Weiß, ausgestattet mit edlen Stoffen wie Kaschmir, Seide oder feinem, hochwertigen Leinen wirkt auf die meisten Menschen einfach behaglich.

LINKE SEITE:

LINKS Seit Armaturen und Materialien immer eleganter werden, hat sich das Bad zum neuen Tempel des Luxus gemausert. Der schlanke Wasserhahn wirkt fast wie eine moderne Skulptur, ebenso das Becken, das aus einem massiven Block dunkelgrauem Granit gefertigt ist.

GANZ LINKS UNTEN Die nach Maß gefertigte Heizkörperverkleidung aus schwarzem Glas ist das designerische i-Tüpfelchen dieses eleganten Raums. Im Glas spiegeln sich chice Chrommöbel und ein schwarzer Ziegenfell-Teppich.

LINKS UNTEN Nach Maß gefertigte Polster wie hier auf einer Tür wirken ausgesprochen edel und luxuriös. Nur der Griff aus massivem Glas gibt einen dezenten Hinweis auf die Funktion.

materialien wie Chagrinleder, Schildpatt, Silber und Perlmutt gehören zu meiner Palette, aber auch bescheidenes Leinen oder luftiges Käseleinen, Hochglanzfarben oder Plexiglas. Es macht mir sogar besondere Freude, preiswerte und edle Materialien zu kombinieren, weil beide durch den Kontrast noch besser zur Geltung kommen.

Ich arbeite auch sehr gern mit Naturmaterialien. Leider sind einige inzwischen so rar geworden, dass sie als Luxus gelten, etwa bestimmte Hölzer und Marmorarten, aber auch Seidenstoffe, Felle, Leder und Halbedelsteine. Auch hochwertige Handwerksarbeit hat heutzutage durchaus den Status von Luxus. Die Pariser Couture-Häuser haben Mühe, Mitarbeiter zu finden, deren Fähigkeiten im Nähen und Sticken ihren hohen Anforderungen genügen. Solche exzellenten Handwerker sind selten geworden und werden entsprechend gut bezahlt. Auch ich bin immer auf der Suche nach kunstfertigen Handwerkern, die meine Ideen in die Realität umsetzen können.

Offenbar muss der Begriff Luxus heute neu definiert werden. Es geht nicht mehr um vergoldete Wasserhähne, riesige Marmorflächen oder ähnlichen Prunk. Luxus ist durchaus eine Frage persönlicher Vorstellungen. Für mich wäre Luxus beispielsweise ein riesiger Koch-Wohn-Essbereich mit einem großen Flachbildschirm, in dem ich alles Mögliche tun und mit vielen Menschen zusammen sein kann. Luxus ist für mich auch die Vorstellung, morgens in einem ungemein bequemen Bett aufzuwachen und weiße Vorhänge zu sehen, die sich im Wind bauschen. Luxus ist eine Dusche, die die Muskulatur massiert oder auch die Patina einer handgetöpferten Schale. Ich glaube, im frühen 21. Jahrhundert hat Luxus viel mit einem entspannten, auf das Individuum zugeschnittenen Lebensstil zu tun.

LINKS Perlmutt ist ein herrliches Material, weil es so viele Nuancen hat und seine Oberfläche so wunderbar schimmert. Hier dienen Perlmuttknöpfe in einer flachen Schale aus Pappmaché als reine Dekoration.

RECHTS Diese maskuline Sitzgruppe aus Chrommöbeln mit Lederbezügen wirkt glamourös, beinahe dekadent, doch sie bekommt durch den schwarz gefärbten, langhaarigen Ziegenfell-Teppich eine sinnliche, taktile Note.

Ein bisschen Drama

FÜR EINEN DESIGNER IST ES EIN BESONDERES VERGNÜGEN, EINEN RAUM WIE EIN BÜHNENBILD ZU GESTALTEN. WER EINE PRISE DRAMA UND EXTROVERTIERTE IDEEN MAG, WIRD AN SOLCHEN INSZENIERUNGEN SPASS HABEN. VORHANG AUF!

Als Kind habe ich gern mit Pop-up-Büchern gespielt, deren Figuren man mit schmalen Pappstreifen bewegen konnte. Im Theater fand ich das Bühnenbild meistens interessanter als die Handlung oder die Darsteller. Ich sah besonders gern zu, wenn während der Vorstellung Kulissen geschoben wurden. Vielleicht hat meine Berufswahl damit zu tun, denn für mich liegt der Reiz der Innenarchitektur darin, wie Menschen in einen Raum gelangen und wie sie sich darin fühlen.

Innenarchitektur bedeutet, das optimale Bühnenbild für einen bestimmten Lebensstil zu schaffen. Es soll vor allem Wohlbehagen schenken. Dabei muss man aber bedenken, dass die meisten Menschen ein öffentliches und ein privates Gesicht haben.

Beispielsweise könnten Sie sich ein ganz privates, meditatives Schlafzimmer im Zen-Stil wünschen, während Esszimmer und Diele ruhig etwas Glamour ausstrahlen dürfen. Warum auch nicht? Wenn einzelne Räume einer Wohnung maskulin oder feminin sein können, dann können sie ebenso introvertiert oder extrovertiert sein. Wichtig ist nur, dass man sich selbst treu bleibt.

Betrachten wir die bauliche Beschaffenheit der Räume einmal als Bühne. Deckenhohe Türen sind imposant, ebenso Glasflächen in der Decke oder weit geschwungene Treppen. Doch auch durchschnittliche Wohnungen können ganz außergewöhnlich wirken, wenn man klare Vorstellungen hat und eng mit einem Architekten zusammenarbeitet.

Wie im Theater spielt die Beleuchtung eine entscheidende Rolle. Mehr als alle anderen Elemente der Einrichtung kann das Licht die Wirkung und Atmosphäre eines Raums verändern. Auch die Textilien sind wichtig, weil sie dem Raum einen Stempel aufdrücken: Sind sämtliche Stoffe prächtig und teuer, wirkt der ganze Raum prächtig und teuer. Ich kombiniere sehr gern bescheidene und luxuriöse Stoffe, damit man einen Raum nicht so leicht kategorisieren kann. Durch geschickten Einsatz von Farben, Texturen und Formen lässt sich in jedem Raum etwas Drama inszenieren. Die idealen Räume für den Wow-Faktor sind jedoch Esszimmer, Flure, Dielen und WCs, weil man sich dort nur begrenzte Zeit aufhält und sich auch gewagtere Effekte darum nicht so schnell abnutzen.

OBEN Die imposante, gestufte Deckenlampe aus dünnen Gipsplatten ist ein fabelhafter Blickfang in diesem runden Treppenhaus. Zu der prunkvollen Form, die an eine kopfüber stehende Hochzeitstorte erinnert, passen die eleganten Stühle und die Kommoden in feminin geschwungenen Formen.

LINKE SEITE:
OBEN Die übergroße, aus einem einzigen Stück Stein gehauene Badewanne wirkt in diesem eleganten Bad wie eine Skulptur. Bei Tag flutet durch das darüber liegende Oberlicht helle Sonne, am Abend rahmt es den Sternenhimmel ein.

UNTEN Eichentüren mit Einlagen aus Bambus und Griffen aus Leder bestimmen die Szene in diesem Ankleidebereich. Durch die dezente Beleuchtung und die mittige Säule mit schmalem Durchblick kommt ihr architektonisch-strenger Charakter erst richtig zur Geltung.

Lieblings-stücke

LIEBLINGSSTÜCKE DÜRFEN ALS VISUELLES ZENTRUM EINES RAUMS ALLE BLICKE AUF SICH ZIEHEN. OB EIN AUSGEWÄHLTES MÖBELSTÜCK, EIN KUNSTGEGENSTAND, EIN GROSSER SPIEGEL ODER EINE BESONDERS DEKORATIVE LAMPE – SOLCHE OBJEKTE BLEIBEN NICHT BESCHEIDEN IM HINTERGRUND, SONDERN VERLANGEN AUFMERKSAMKEIT.

OBEN Eine witzige, unkonventionelle Beleuchtungsidee für eine moderne Küche ist dieser konventionelle Kristall-Kronleuchter in einem schimmernden Plastikzylinder. Ist das Licht eingeschaltet, zeichnen sich die Konturen des Kronleuchters gespenstisch durch das Kunststoffmaterial ab.

RECHTS Ungewöhnliche Sessel sind echte Sammlerstücke. Wählen Sie ein Modell mit Charakter und markanter Form, etwa diesen Sessel aus Chrom und grünem Leder mit strengen, kubistischen Konturen. Als Blickfang reicht ein solches Stück im Raum aus.

Als Designerin setze ich Lieblingsstücke auf zweierlei Weise ein. Manchmal bilden sie den Ausgangspunkt einer Raumgestaltung. Es gibt Stücke, die man sieht und einfach kaufen muss, ohne zu wissen, wo sie stehen werden. Entdecke ich ein großartiges Einzelstück, schnappe ich gern zu. Es macht Spaß, um ein solches Objekt herum einen ganzen Raum aufzubauen.

Der entgegengesetzte Fall kommt ebenfalls vor. Manchmal gestalte ich einen Raum, in dem einfach alles stimmt – Texturen, Farben, Licht und Stimmung – und der trotzdem allzu glatt und perfekt wirkt. Dann bringt so ein Lieblingsstück vieles in Bewegung. Die Grenze zwischen perfekt und fad ist dünn. Wer das Gefühl hat, sie überschritten zu haben, sollte sich nach einem verrückten Element umsehen, das für Witz, Spannung oder Auflockerung sorgt.

Meine Lieblingsstücke spielen oft mit den Konzepten von Maßstab und Proportion. In einem kleinen Raum, etwa einem WC, kann ein überlebensgroßes Objekt wie ein wandfüllender Spiegel oder eine riesige Vase sehr effektvoll sein. Auch durch Licht lassen sich Maßstab und Form manipulieren – das gilt besonders für Räume wie Bad und Schlafzimmer, in denen man meist liegt und nach oben schaut. Letztlich spielt es aber keine entscheidende Rolle, ob das Lieblingsstück nun eine Skulptur, ein besonderer Sessel oder ein Klavier aus Plexiglas ist, denn im Grunde geht es nur darum, überkommene Regeln zu brechen. Je ruhiger das Gesamtkonzept eines Raums ist, desto stärker wird die Wirkung des Lieblingsstücks ausfallen.

OBEN Der übergroße Spiegel mit dem silbrigen Rahmen ist ein ungewöhnliches Accessoire für das kleine Gästebad. Gerade kleine Räume können aber durch große Einrichtungsgegenstände größer und prägnanter wirken.

LINKS Die schlanke Wandlampe in der Form einer stilisierten Fackel reicht als Blickfang für diese Wand völlig aus. Eine perfekte Ergänzung ist die flache Bank, die der Vertikalen durch die geschwungene Sitzfläche ein horizontales Element entgegensetzt.

Lieblingsstücke

Goldene Regeln

WOHNEN ESSEN SCHLAFEN BADEN

PLAUDERN   ARBEITEN   LEBEN

GELUNGENES DESIGN IST NICHT NUR EINE FRAGE DER FARBEN, BODENBELÄGE UND ACCESSOIRES. NATÜRLICH SPIELEN DIESE DINGE EINE ROLLE, DOCH KOMMEN SIE ERST NACH GRUNDLEGENDEN FAKTOREN WIE EVENTUELLEN DEFIZITEN SOWIE DER NUTZUNG DES RAUMS AN DIE REIHE. WENN DIE BASISGESTALTUNG EINES RAUMS NICHT STIMMT, WIRD ER AUCH DURCH METER VON STOFF ODER TEURE MÖBEL NICHT ANGENEHMER ZU BEWOHNEN SEIN. HIER DEFINIERT SICH DIE GRENZE ZWISCHEN INNENARCHITEKTEN UND RAUMAUSSTATTERN. LETZTERE BESCHÄFTIGEN SICH MIT OBERFLÄCHLICHEN VERÄNDERUNGEN, WÄHREND ERSTERE GELERNT HABEN, PROBLEME AN DER WURZEL ZU PACKEN. UND WEIL ES NUN EINMAL KEIN HAUS UND KEINE WOHNUNG OHNE PROBLEME GIBT, KONZENTRIERT SICH DIESES KAPITEL AUF DIE GRUNDLEGENDEN ASPEKTE VON RAUM UND FUNKTION. RAUM IST DABEI NICHT ALLEIN EINE FRAGE VON QUADRAT-

METERN: EVENTUELL KANN MAN DIE RAUMQUALITÄT VERBESSERN, INDEM MAN INNENWÄNDE ENTFERNT ODER VERSETZT. VIELLEICHT KANN MAN DURCH NEUE UNTERTEILUNGEN PRAKTISCHERE WOHNBEREICHE SCHAFFEN. DIE FUNKTION HAT VOR ALLEM MIT DEM LEBENSSTIL DER BEWOHNER ZU TUN. ES GILT ALSO, DIE INDIVIDUELLEN AKTIVITÄTEN UND GEWOHN-HEITEN GENAU ZU ANALYSIEREN. WO FRÜHSTÜCKEN SIE? AUF WELCHER SEITE DES BETTS SCHLAFEN SIE AM LIEBSTEN? WIE SCHMINKEN SIE SICH? JEDE AKTIVITÄT FOLGT EINEM BESTIMMTEN MUSTER, UND EINE MASSGESCHNEIDERTE WOHNUNG MUSS GENAU DIESEN ALLTAGSMUSTERN ANGEPASST SEIN. OB SIE EINEN ARCHITEKTEN BEAUFTRAGEN ODER SELBST ANS WERK GEHEN, IN DIESEM KAPITEL FINDEN SIE WICHTIGE ÜBERLEGUNGEN ZU RAUM UND FUNKTION, DIE IHNEN AUF DEM WEG ZU EINER GELUNGENEN, HARMONISCHEN GESTALTUNG HELFEN WERDEN.

RAUM UND FUNKTION

Den Raum analysieren

LASSEN SIE SICH VON DER VORSTELLUNG, EINEN RAUM VON GRUND AUF ZU GESTALTEN, NICHT EINSCHÜCHTERN. ETWAS WISSEN ÜBER GRUNDRISSE UND AUFRISSE IST ZWAR HILFREICH, DOCH HAUPTSÄCHLICH KOMMT ES AUF GESUNDEN MENSCHENVERSTAND UND EIN BEWUSSTSEIN FÜR DIE EIGENEN WOHNBEDÜRFNISSE AN.

Zuerst muss entschieden werden, wie der verfügbare Raum genutzt werden soll, denn Raumaufteilung und Funktion stehen in direkter Beziehung. Nur Sie können wissen, wie viele Schlafzimmer und Bäder Sie benötigen oder ob spezielle Räume auf dem Wunschzettel stehen. Vielleicht hätten Sie gern einen Weinkeller, ein Ankleidezimmer, einen Fitnessraum oder ein separates Appartement für das Kindermädchen. Schreiben Sie darum zuerst Ihre Wunschliste auf. Möglicherweise lassen Raumangebot oder Budget die Verwirklichung nicht zu, doch es ist immer besser, die Latte zu Anfang recht hoch zu legen und später bei Bedarf Abstriche zu machen. Es ist erstaunlich, was sich mit relativ geringfügigen baulichen Veränderungen und der Fähigkeit zum Querdenken alles realisieren lässt. In diesem Stadium ist ein Grundriss der Wohnung nützlich. Dieses Gesamtbild des verfügbaren Raums hilft auch dabei, sich eine ganz andere Aufteilung vorzustellen – sei es durch Wanddurchbrüche, neue Trennwände oder einen Anbau. Sie werden Ihre Pläne vermutlich immer wieder überdenken, darum sollten Sie den Grundriss griffbereit halten und mit verschiedenen Lösungen spielen, bis Sie sich das Ergebnis plastisch vorstellen können. Die Verwandlung einer Wohnung findet im Wesentlichen auf der Grundrissebene statt.

Schon während der Planungsphase muss das Budget bedacht werden. Wir alle stellen uns gern vor, wohlhabender zu sein, als wir in Wirklichkeit sind, doch in diesem Fall ist es unbedingt nötig, realistisch zu bleiben. Erfahrungsgemäß wird das gesetzte Budget immer ausgeschöpft, weil bei Umbaumaßnahmen grundsätzlich unerwartete Kosten entstehen. Diesen Aspekt sollten Sie bei der Budgetplanung einkalkulieren. Andererseits muss nicht alles im Vorwege bezahlt werden. Wenn Sie eine Baufirma oder einen Architekten beauftragen, stellen Sie einen Arbeits-

GOLDENE REGELN: RAUMELEMENTE

1 Gerundete Glasscheiben in den oberen Wandbereichen lassen diese imposante, runde Diele trotz ihrer Größe hell und luftig wirken. Die Holzrahmen schlagen eine optische Brücke zu dem dunklen, lackierten Holz des Fußbodens.

2 Weiße Vorhänge bauschen sich üppig auf dem Boden und betonen die Proportionen des Fensters, die Rundung der Treppe und die theatralische Ausstrahlung des großen Raums.

3 Die architektonischen Details werden durch die teils konvex und teils konkav gerundeten Treppenstufen akzentuiert. Die Gestaltung in grafischem Schwarz-Weiß sorgt für optische Geschlossenheit.

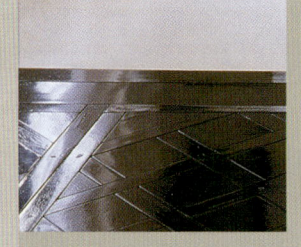

4 Dunkler, glänzend lackierter Parkettboden zieht sich wie ein Läufer durch den weißen Marmorboden – eine moderne Variante des roten Teppichs, der Gäste durch die Diele ins Haus führte.

5 Die große, ungewöhnliche Lampe aus dünnen Gipsplatten lenkt den Blick nach oben und verbindet die Stockwerke. Die Wandlampen sind im Stil auf die Deckenlampe abgestimmt.

RECHTS Diese prächtige Diele mit dem glänzenden Boden, den bauschig-weißen Vorhängen und der dramatisch geschwungenen Treppe könnte aus einem Hollywoodfilm stammen. Übergroße Möbel und riesige afrikanische Trommeln passen ausgezeichnet in dieses Ambiente.

plan auf, in dem auch festgelegt wird, wann welche Zahlungen zu leisten sind.

Architekten fertigen normalerweise auch Aufrisse der einzelnen Räume an, die dem Kunden helfen, sich neben der horizontalen Ebene des Grundrisses auch die vertikale Dimension vorzustellen.

In einem Aufriss werden feste Elemente wie Heizkörper, Türen und Fenster eingezeichnet, oft aber auch dekorative Details wie Vorhänge, Wandlampen oder die Höhen von Möbelstücken. In gewisser Weise vermitteln solche Aufrisse den Eindruck, einen Rundgang durch eine virtuelle Wohnung zu unternehmen. Sie helfen aber auch dabei, Fehler zu vermeiden, etwa Stühle mit Armlehnen zu kaufen, die nachher nicht unter den Esstisch passen, oder Schränke einzubauen, deren Türen beim Öffnen gegen die Nachttische schlagen. Grundrisse und Aufrisse sollten immer im gleichen Maßstab gezeichnet werden, um Verwirrung zu vermeiden. Zeichnen Sie im gleichen Maßstab auch die Umrisse der Möbel, sodass Sie diese auf die Raumpläne legen und verschieben können.

Das Gestalten eines Hauses ähnelt dem Einkauf von Maßkleidung. Es verlangt, seine individuellen Gewohnheiten immer wieder zu überdenken – wie Sie Ihr Make-up auflegen oder was Sie am liebsten kochen. Pläne und Zeichnungen sind langweilig, doch sie sind das beste Werkzeug zur Verwirklichung der Wohnträume. Wenn die Probleme von Raum und Funktion gelöst sind, können Sie über die Gestaltung der einzelnen Bereiche nachdenken. Legen Sie für jeden Raum eine separate Mappe an, in der Sie Zeitungsausschnitte, Broschüren und andere visuelle Anregungen sammeln. Räume, die ineinander übergehen, etwa ein Schlafzimmer mit angrenzendem Bad, sollten eine Einheit bilden und darum eine gemeinsame Mappe erhalten.

Nach und nach tragen Sie so Ideen für alle Elemente zusammen.

OBEN In konventionellen Wohnungen sind Kamine normalerweise mittig in der Wand platziert. Hier wurde der Kamin nach links verschoben und dient eher als dekoratives Element. Statt dessen beherrscht der große, von maßgenauen Holzpaneelen eingerahmte Flachbildschirm die Wandmitte.

LINKE SEITE Die imposante Höhe dieses über zwei Geschosse reichenden Wohnraums wird durch die nach Maß gefertigten Regale und die Vorhänge aus Fallschirmseide betont. Die obere Ebene wurde als Galerie gestaltet, sodass die Offenheit des Raums erhalten bleibt.

GOLDENE REGELN: ZEICHNUNGEN UND GRUNDRISSE

1 Alle Zeichnungen sollten den gleichen Maßstab haben, damit man sie leicht vergleichen kann.

2 Datieren Sie Ihre Zeichnungen, damit alle Beteiligten schnell erkennen können, welches die aktuelle Version ist.

3 Lassen Sie sich Zeit. Zwischen dem Verstehen einer Zeichnung und der klaren Vorstellung des fertigen Raums liegt ein großer Schritt.

4 Die vertikale Dimension ist ebenso wichtig wie die horizontale. Kombinieren Sie Grundriss und Aufrisse, um eine dreidimensionale Vorstellung zu erhalten.

5 Üben Sie den Umgang mit einem Maßstabslineal, um Möbel maßstabsgetreu zu zeichnen und mit der Platzierung zu experimentieren.

WOHNRÄUME müssen besonders viel leisten. Einerseits sind sie öffentlich, weil Besucher Zutritt haben, andererseits auch privat, denn hier möchte man sich entspannen. Außerdem sollten behagliche Sitzgelegenheiten für verschiedene Aktivitäten vorhanden sein, vom Fernsehen bis zum Gespräch mit Freunden bei einem Glas Wein. Und wenn sie zudem von sämtlichen Familienmitgliedern benutzt werden, müssen sie obendrein noch verschiedenen Wohnbedürfnissen gerecht werden.

Zuerst kommen die Sitzmöbel an die Reihe. Der Kauf eines Sessels oder Sofas ähnelt der Anschaffung eines Betts: Bei Möbeln, die so regelmäßig benutzt werden, sollte man auf Qualität Wert legen. Ein Grundriss ist zur Gestaltung jedes Raums hilfreich, aber bei der Planung der Wohnraumeinrichtung ist er unerlässlich. Wie sonst soll man wissen, wie groß Sofa oder Couchtisch sein dürfen? Denken Sie daran, dass Grundrisse negativen und positiven Raum ausweisen – als negativ bezeichne ich den Raum, den die Möbel einnehmen, als positiv den sie umgebenden Leerraum, der für Bewegungsfreiheit und ungehinderten Zugang sorgt. Der Grundriss hilft auch dabei, sich die Nutzung und die sinnvolle Platzierung der Möbel konkret vorzustellen. Sie sollten beispielsweise vermeiden, alle Sitzmöbel nach dem Fernseher auszurichten. Günstiger ist eine L-förmige oder U-förmige Anordnung, die den Blick zu einem Kamin oder einem ähnlich dekorativen Raumbestandteil lenkt.

Ob die Unterhaltungstechnik sichtbar oder versteckt sein soll, ist eine Frage des individuellen Geschmacks. Ich neige dazu, die Geräte offen zu zeigen, immerhin befinden wir uns im 21. Jahrhundert. Das heißt aber nicht, dass Fernseher, DVD-Player und Stereoanlage den Raum beherrschen sollen. In maßgenauen Regalen oder Schränken können sich Geräte und auch Flachbildschirme diskret in den Raum einfügen. Der Wohnraum ist der richtige Raum zum Präsentieren von attraktiven Objekten, die man gern vorzeigen möchte. Von jedem Sitzplatz aus sollte man etwas Schönes sehen, vielleicht ein liebevolles Blumenarrangement auf einem Beistelltisch, dekorative Objekte in einem Regal oder eine Sammlung von Bildern. Schließlich soll ein Wohnraum nicht nur physisch, sondern auch visuell ansprechend sein.

OBEN Dieser harmonische Wohnraum ist in ruhigen Weiß- und Taupetönen gestaltet, zu denen auch die Fotos in Sepiatönen gut passen. Die Anordnung der Keramikschalen und die Platzierung der Kissen zeigen, dass optische Balance hier eine große Rolle spielt.

OBEN Dieser große Wohnraum hat zwei separate Bereiche. Hier ist der Fernsehbereich zu sehen, während der Hauptteil (gegenüber) zum geselligen Beisammensitzen genutzt wird. Die strenge Symmetrie schafft eine recht förmliche Atmosphäre.

RECHTS Aus dem anderen Bereich des Wohnraums führen Doppeltüren in die Diele. Wo man mit Gästen zusammensitzt, spielen bequeme Sitzmöbel die Hauptrolle. Ungewöhnliche Glasvasen und organische geformte Bronzetische unterstreichen die Großzügigkeit.

Die offene, luftige Atmosphäre dieses geräumigen Esszimmers beruht teilweise auf den hellen Leinenvorhängen und den Freischwingern. Shoji-Paneele wirken wie Läufer an der Wand und schlagen auf raffinierte Weise eine Brücke zu den anderen Stoffen im Raum.

RECHTS Die Hussen der Stühle prägen die Stimmung dieses Esszimmers. Die geringe Deckenhöhe fällt wegen der bewusst niedrig gewählten Möbel kaum auf. Auch der Kontrast zwischen der horizontal ausgerichteten Lampe aus Metallgeflecht und den hohen Glasvasen spielt geschickt mit den Raumproportionen.

UNTEN RECHTS Dekorative Holzstühle mit Flechtlehne schaffen in diesem Essbereich eine zwanglose Atmosphäre. Ein hoher Tresen grenzt die Küche ab. Originell ist die Lichtinstallation aus Flaschen, Baumwolle, Papier und anderen Naturfasern.

ESSZIMMER

werden in der Regel seltener benutzt als andere Räume des Hauses. Weil sie besonderen Anlässen vorbehalten sind, bieten sie sich für eine dramatische Gestaltung an. Und weil man sich hier überwiegend abends aufhält, verlangen sie geradezu nach einer stimmungsvollen Beleuchtung. Dazu zählen nicht nur Fluter, die ihren Schein über die Wände werfen, sondern auch unkonventionelle Einzelstücke, etwa ein antiker Kronleuchter in einer Plexiglasverkleidung oder eine gläserne Tischplatte mit integrierter Faseroptik-Beleuchtung. Auch zur Präsentation schöner Sammlungen bieten sich Esszimmer an – ob mundgeblasenes Glas, gedrechselte Holzobjekte oder Schwarz-Weiß-Fotos.

Viele Menschen essen aber lieber in der Küche als in einem separaten Esszimmer. Mahlzeiten in der Küche sind zwangloser und passen letztlich besser zum heutigen Lebensstil. Wenn der Platz ausreicht, bietet sich die Küche zur Gliederung in drei Bereiche an: Kochen, Essen und Wohnen.

Zum Abgrenzen solcher Zonen bieten sich Texturkontraste an. Beginnen wir mit dem Fußboden. Wer für die Kochzone einen Steinboden wählt, könnte für den Boden im Essbereich beispielsweise Holz oder Leder verwenden. Auch die Beleuchtung hilft bei der Raumgliederung. Im Kochbereich ist schon aus Sicherheitsgründen klares, helles, gerichtetes Licht wichtig, während es am Essplatz sanfter und atmosphärischer sein darf. Ich setze in Küchen gern Strahler ein, verwende aber über dem Esstisch vorzugsweise niedrig hängende Pendellampen. Sie erzeugen eine intime Lichtinsel, die den Tisch aus seiner Umgebung herauslöst. Die Möbel des Essbereichs sollten zwar mit der Kücheneinrichtung harmonieren, ihr aber auch nicht zu ähnlich sein, sonst wirkt das Gesamtbild uninteressant.

OBEN Diese geräumige Küche enthält zwei Inseln. An der linken wird gegessen, an der rechten werden die Speisen vorbereitet. Der Streifen auf dem Boden, der an einen Läufer erinnert, betont die symmetrische Anordnung.

UNTEN Weiß kommt als Küchenfarbe nie aus der Mode. Weil massive Türen zu wuchtig gewirkt hätten, wurden für diese relativ kleine Küche durchscheinende Fronten gewählt. Auch die Hängelampen aus Glas und Metall wirken sehr leicht.

KÜCHEN

sind keineswegs nur zum Kochen da. Hier sitzt man auch mit Freunden und Familie zusammen. Manche Menschen kochen mit Begeisterung – sie brauchen eine entsprechend ausgestattete Küche. Die meisten von uns betrachten die Küche aber eher als soziales Zentrum des Haushalts. Seien Sie ehrlich: Brauchen Sie eine Küche zum Zubereiten aufwändiger Mahlzeiten – oder wollen Sie dort lieber plaudern und nebenbei eine Kleinigkeit essen?

Bei der Budgetplanung für die Küche sollten Sie bedenken, dass sich die Kosten für die Baumaßnahmen leicht verdoppeln können, wenn die Geräte, Utensilien und dekorativen Kleinigkeiten angeschafft werden müssen. Die Installation der Geräte verursacht neben beträchtlichen Kosten auch ein hohes Maß an Schmutz, Unruhe und Aufwand. Schon darum ist es sinnvoll, das Gesamtprojekt einer Spezialfirma zu übertragen, statt es selbst in die Hand zu nehmen. Planen Sie zwei Tage für Besuche in Küchenausstellungen ein und besprechen Sie Ihre Vorstellungen mit den Beratern. Überlegen Sie vor allem, wie oft Sie kochen, was Sie kochen und wann Sie kochen. Ein gutes Küchenstudio wird eine Lösung entwickeln, die nicht nur gut aussieht, sondern auf Ihre Arbeitsweise abgestimmt ist.

Wenn bei Ihnen – wie bei mir – das Kochen relativ weit unten auf der Prioritätenliste steht, werden Sie sich wahrscheinlich eine Vorführküche wünschen, die so gut aussieht wie die restliche Wohnung. Ich habe schon seit einigen Jahren weiß lackierte Küchenelemente, die ich noch immer liebe. Stahl und Aluminium liegen zwar gerade im Trend, gefallen mir aber nicht so gut. Sie mögen hygienisch sein, wirken aber hart und kalt. Ich persönlich bevorzuge dunkle Hölzer, Bambus oder Glas.

Wer viel und gern kocht, braucht vor allem eine Funktionsküche. Die Arbeitsflächen müssen praktisch, hygienisch und strapazierfähig sein. Granit ist optimal, allerdings empfehle ich meist, die Rückseite zu verwenden, die matt und oft viel attraktiver ist. Marmor ist ideal zur Teigzubereitung. Er muss sorgfältig gepflegt werden, sonst wird er leicht fleckig, was aber nicht jeden stört. Wie ein Bodenbelag aus Leder kann er durch Gebrauchsspuren schöner werden. In einer Vorführküche, in der praktische Aspekte weniger wichtig sind, kann man sich auch Elemente mit Wow-Faktor leisten, etwa eine Beton-Arbeitsplatte mit integrierter Spüle oder einen Spritzschutz aus Glas mit eingebauter Faseroptik-Beleuchtung. Der Fußboden sollte in Textur und Aussehen interessant sein. Gut geeignet sind Materialien wie Holz, Terrazzo oder Gussmaterialien. Selbst Gussbeton kann großartig aussehen, vor allem Produkte mit eingelegten Natursteinen.

OBEN Diese Küche mit dunklen Holzfronten könnte düster wirken, weil sie kein direktes Tageslicht erhält. Das wurde jedoch durch die große Glasscheibe in der Wand, durch die man in den Nachbarraum sieht, geschickt vermieden.

LINKS Der Einsatz einer Akzentfarbe – in diesem Fall Rot – eignet sich bestens, um die Wirkung der dunklen Hölzer und grafischen Linien der Küche aufzulockern. Eine kleine Insel mit zwei Barhockern dient als zwangloser Essplatz.

LINKS Ein weich gepolsterter Drehsessel und eine dekorative Stehlampe reichen aus, um in diesem ruhigen Schlafzimmer eine gemütliche Leseecke zu schaffen. Das Leinwand-Quadrat über dem Kamin greift die geometrische Form des Lampenschirms auf.

LINKS UNTEN Ein überdimensionales, gepolstertes Betthaupt betont hier die Höhe des eleganten Schlafzimmers, das ein ganzes Geschoss des Hauses einnimmt und Platz für einen Sitz- und einen Arbeitsbereich bietet.

OBEN Der Betonsockel, in den die Lattenroste eingelegt sind, ist so breit, dass man in diesem asiatisch-schlichten Schlafzimmer auf Nachttische verzichten kann. Die Wandlampen sind eine sinnvolle Alternative zu konventionellen Schlafzimmerlampen.

RECHTS Durch das ungewöhnlich niedrige Bett fallen die Raumhöhe und die Form der Dachschräge besonders ins Auge. Auf den frei tragenden Konsolen unter den Fotos befinden sich liebevoll zusammengestellte Arrangements aus Schalen und Vasen.

SCHLAFZIMMER

werden bei der Wohnungsgestaltung oft etwas stiefmütterlich behandelt, weil viele Menschen sie weniger wichtig finden als die öffentlich zugänglichen Räume. Aber sollte man die eigene Entspannung und Erholung nicht wichtig nehmen? Haben Sie in dieser Hinsicht nicht das Beste verdient? Ich finde, gerade im Schlafzimmer darf man sich geheime Träume verwirklichen. Dieser Raum soll sinnlich, luxuriös, schwelgerisch und schön sein, denn sein Ambiente beeinflusst die Qualität des Schlafs und die Stimmung beim morgendlichen Aufwachen. Kann es etwas Wichtigeres geben? Die Gestaltung des Schlafzimmers bietet großartige Möglichkeiten, die eigene Persönlichkeit auszudrücken. Tun Sie sich keinen Zwang an! Ich meine, dass das Schlafzimmer eine gewisse visuelle Verbindung zu den anderen Räumen der Wohnung haben sollte, gleichzeitig aber ganz spezifisch auf das Wesen seiner Benutzer zugeschnitten sein muss.

Wie Küchen heute nicht mehr nur zum Kochen genutzt werden, sind Schlafzimmer nicht allein zum Schlafen da. Überlegen Sie einmal, was Sie noch gern im Schlafzimmer tun – vielleicht Fernsehen, Sex, Yoga oder Kuscheln mit den Kindern? Im Hinblick auf die Gestaltung muss das Schlafzimmer all den verschiedenen Aktivitäten gerecht werden und dementsprechend auch unterschiedliche Stimmungen vermitteln. Neben Rollos, Jalousien oder Vorhängen sind sorgfältig ausgewählte Lampen nirgends so wichtig wie hier. Einerseits erlauben sie, durch kurzen Schalterdruck die Atmosphäre im Nu zu verändern. Andererseits nimmt man sie aus liegender Position besonders intensiv wahr. Gerade im Schlafzimmer und Bad sollte man deshalb darauf achten, dass die Beleuchtungskörper nicht nur funktional, sondern aus allen Blickwinkeln attraktiv anzusehen sind.

BADEZIMMER müssen mit besonderer Sorgfalt gestaltet werden, weil man sie nicht so leicht verändern kann. Vor allem Änderungen im Verlauf der Rohrleitungen und der Platzierung der Sanitärobjekte sind kostspielig und aufwändig. Auch die Anforderungen an die Funktion eines Bades können komplex sein. Morgens ist eine schnelle, erfrischende Dusche gefragt, abends vielleicht ein entspannendes Wannenbad. Obendrein ist viel Stauraum erforderlich – für große Teile wie Badetücher und für winzige wie Kontaktlinsen. Damit die Badezimmergestaltung gut gelingt, müssen Sie zuerst genau überlegen, wie Sie das Bad nutzen wollen und was Sie dort aufbewahren. Wer eine perfekte Lösung anstrebt, sollte einen Tischler mit dem Einbau von Schränken beauftragen.

Die Wanne als größtes Objekt ist zwangsläufig Blickfang, darum sollte man sie als Skulptur betrachten und ihr einen Ehrenplatz geben. Altmodische Rollrand-Badewannen liegen im Trend und können durchaus auch mit supermodernen Elementen kombiniert werden. In vielen modernen Bädern findet man außerdem eine Power-Dusche, bei der es jedoch mehr auf die Funktion als auf die Ästhetik ankommt. Weil im Bad harte, hygienische Oberflächen vorherrschen, sollte man Wege finden, es dennoch weich wirken zu lassen. Das lässt sich beispielsweise durch die Beleuchtung erreichen, etwa eine Kombination aus hellem Funktionslicht und sanftem, regelbarem Stimmungslicht. Meine eigene Wanne im japanischen Stil steht auf Füßen über Bodenstrahlern. Abends zünde ich Duftkerzen an, schalte die übrige Badbeleuchtung aus und entspanne mich im Dämmerlicht in einer Insel aus Licht. Auch gepolsterte Möbel bilden ein gutes Gegengewicht zur harten Ausstrahlung eines Badezimmers. Wer genug Platz hat, könnte ein Sofa mit Frotteebezug aufstellen, doch selbst in kleineren Bädern lässt sich immer noch ein Sessel mit einem Bezug aus Leinen oder feiner Seide unterbringen.

LINKS Kaufen Sie für ein geräumiges Bad eine schöne Wanne und stellen Sie sie mitten in den Raum wie eine Skulptur. In diesem Bad mit Blumen in großen Glaskugeln und cremeweißen Vasen am Fenster lässt sich wunderbar entspannen.

UNTEN An einer Wand des gleichen Bades befindet sich dieser nach Maß eingebaute Holzschrank mit zwei Waschbecken. Den Fernseher kann man von der Wanne aus sehen. Der Buddha gibt dem Bad einen fernöstlichen Touch.

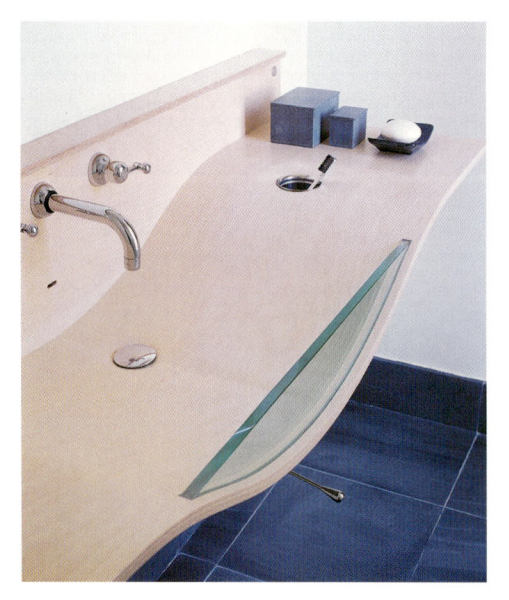

OBERE REIHE:

LINKS Keramikschalen auf Holzplatten sind die moderne Interpretation des klassischen Waschbeckens und zugleich ein Schritt weg von den nahtlosen Kompletteinbauten, die noch vor wenigen Jahren in Mode waren. Der Spritzschutz aus Naturstein mit den strengen Wasserhähnen wirkt sehr elegant.

MITTE Dieses Holzwaschbecken ähnelt einem Regal. Es mag unpraktisch wirken, doch tatsächlich fließt das Wasser problemlos ab. Ein schmaler Streifen Glas grenzt die Vertiefung zum Raum hin ab, auf den flachen Enden kann man allerlei Utensilien abstellen.

RECHTS Für reizvolle Texturkontraste sorgt die Kombination aus dem Glasbecken auf dem Natursteinsockel mit den Chrom-Armaturen. Die Regale sind normalerweise hinter den Schiebetüren versteckt.

OBEN Diese Natursteinwanne im Stil eines türkischen Bades ist in den Boden eingelassen, sodass man hinab steigen muss. Östlichen Einfluss zeigen auch die verkleideten Wände und die niedrigen Bänke, die ebenso dekorativ wie zweckmäßig sind.

LINKS Identische, streng aufgereihte Accessoires sind eine ideale Dekoration für dieses Bad im Zen-Stil. Originell sind die abgestuften Größen von den winzigen Schalen auf dem Wannenrand bis zu den größeren Waschschüsseln und den praktischen Körben auf dem Boden.

LINKE SEITE:

MITTE LINKS Der frei stehende Waschtisch befindet sich im Durchgang zwischen einem Schlafzimmer und dem angrenzenden Bad. Die Vase aus Murano-Glas und der schmale Spiegel reichen als Dekoration in diesem kleinen Bereich aus.

MITTE RECHTS Klassisch-weiße Badezimmer kommen nie aus der Mode, doch dies hat durch das halb schwebende Waschbecken eine modernere Prägung. Moderne Accessoires wie die aufgereihten, identischen Töpfchen und die Vasen mit einzelnen Rosen in weißem Sand passen zu diesem Stil.

UNTEN RECHTS In diesem strengen, eleganten Bad verschwinden die weißen Handtücher hinter Glasschiebetüren. Wände und Dusche haben eine Natursteinverkleidung, die interessant mit dem Milchglas und den Chrombeschlägen kontrastiert.

Raum und Funktion

WCs bieten sich an, um die Grenzen des Konventionellen zu sprengen. Weil solche Räume klein sind, haben alle gestalterischen Maßnahmen besonders große Wirkung. Und weil man sich hier nicht lange aufhält, darf die Dekoration ruhig etwas gewagter sein.

Gewagt sollte aber nicht mit verkrampft witzig verwechselt werden, es bedeutet lediglich, die Regeln zu brechen. In einem Bad kann man beispielsweise verschiedenfarbige Sanitärobjekte kaum kombinieren. Eine weiße Wanne zu schwarzen Waschbecken würde nicht chic, sondern unpassend aussehen.

Im WC dagegen verträgt sich eine weiße Toilette durchaus mit einem schwarzen Waschbecken. Warum das so ist, lässt sich schwer erklären – es hat wohl mit Raumgröße und Atmosphäre zu tun. Im Bad möchte man sich entspannen, da sind schrille Kontraste fehl am Platz. Ein WC dagegen kann gern etwas verwegener sein.

Setzen Sie auch konventionelle Elemente auf ungewöhnliche Weise ein. Ein Spiegel gehört in jedes WC, doch statt ihn – wie üblich – einfach über das Waschbecken zu hängen, könnte man einen Spiegelstreifen rund um den Raum ziehen.

Weil WCs normalerweise klein sind, erlauben sie auch den Einsatz nobler Materialien, die für ein großes Bad schlicht zu teuer wären. Das gilt natürlich auch für handgearbeiteten Verputz an den Wänden oder den Vorhangstoff am Fenster.

Und denken Sie daran, wie gut große Objekte in kleinen Räumen wirken. Eine dramatische Deckenlampe ist vielleicht genau das Requisit, um diesem kleinsten Raum das gebührende Gewicht zu geben.

OBERE REIHE:

LINKS Hier bildet der unkonventionelle Harzboden, über dem das Toilettenbecken zu schweben scheint, den Blickfang. Die Holztäfelung ist in Wirklichkeit eine Schrankwand mit praktischen Fächern für Handtücher und andere Utensilien.

MITTE Ein Steinwaschbecken steht auf einem schlichten Wengé-Schränkchen, das Platz genug für Utensilien und Dekorationen bietet. Solche Unterschränke galten früher als exklusiv, sind aber heute in jedem Fachgeschäft zu finden.

RECHTS Dieser nach Maß gebaute Toilettensitz vom Typ »Herzhaus« ist ein witziges Detail einer sehr modernen Wohnung. Der schwarze Boden und die weißen Wände betonen die grafische Wirkung des Rechtecks mit dem kreisrunden Ausschnitt.

OBEN In diesem Gäste-WC bildet ein frei tragendes Glaswaschbecken den Blickfang. Die Armaturen sind in die steinerne Rückwand eingebaut, damit sie die Optik nicht stören. Der perfekt proportionierte Spiegel vollendet das Bild.

OBEN LINKS In diesem Bad für einen Teenager wurden rote Fliesen als Akzent eingesetzt. Der rechteckige Ausschnitt im Waschtisch, der eingefliese Spiegel und der moderne Wasserhahn betonen den architektonischen Charakter dieses Raums.

RECHTS Eine edle Lösung für ein Gäste-WC ist das schlichte Keramikbecken auf einer Holzkonsole. Das schmale Regal darüber bietet sich zur Präsentation von Dekorationen an, deren Anordnung sich in den praktischen schwarzen Aufbewahrungsgefäßen unter dem Waschbecken wiederholt.

ARBEITSZIMMER

zeigen mehr als alle anderen Räume unsere Abhängigkeit von der Technik, durch die sich die Innenarchitektur in den letzten 15 Jahren extrem verändert hat. Früher hatten wir eine Stereoanlage, einen Fernseher und vielleicht einen Videorecorder, heute sind DVD-Player, Surround-Systeme, Computer, Drucker und Faxgeräte hinzugekommen – in den meisten Wohnungen in mehrfacher Ausfertigung. Obendrein gehört bei neueren Häusern auch moderne Sicherheitstechnik zunehmend zu den Selbstverständlichkeiten.

Früher versuchte man, die Technik generell zu verstecken. Ich lasse Fernseher und Computermonitor normalerweise sichtbar, verstecke aber hässliche Rechnergehäuse, Drucker, DVD-Player und all die anderen Metallkästen der modernen Freizeitelektronik gern in maßgeschneiderten Einbauten. Bis vor Kurzem waren auch die vielen Kabel ein lästiges Problem, doch die drahtlosen Lösungen lassen auf bessere Zeiten hoffen.

Immer mehr Menschen arbeiten gelegentlich oder ständig zu Hause, doch leider sind die privaten Arbeitszimmer oft ebenso nüchtern und langweilig wie die konventionellen Büros. Viel geschickter finde ich eine Kombination aus Arbeitszimmer und Bibliothek, in der man sich auch entspannen kann. Bei diesem Typ Heimbüro liegt die Betonung auf Heim, weniger auf Büro.

Das Arbeitszimmer muss nicht unbedingt in einem separaten Raum untergebracht sein. Das Esszimmer bietet sich beispielsweise für diesen Zweck an, weil die meisten Familien die Mahlzeiten lieber in der Küche einnehmen und das Esszimmer ohnehin kaum genutzt wird. Ein Arbeitsplatz im Esszimmer verhindert auch, dass der sonst verwaiste Bereich vernachlässigt wird. Ein leerer Esstisch sieht trist aus – viel lebendiger wirkt er, wenn darauf einige aufgeschlagene Bücher liegen. Für diese Doppelnutzung braucht man lediglich etwas mehr Stauraum, am besten Bücherregale, damit man schnell aufräumen kann, wenn einmal Gäste zum Essen kommen.

Ein zweiter Grund für den Vorschlag, Arbeitszimmer und Bibliothek zu kombinieren, besteht darin, dass Bücher eine angenehme Ausstrahlung haben. Im Vergleich zu Bildern oder Skulpturen kosten sie wenig Geld, geben einem Raum aber viel Charakter. Eine Sammlung oder eine schöne Dekoration ist ein zusätzliches Plus, weil sie von der Technik ablenkt und dem Auge einen Ruhepol bietet. Schließlich steht nirgends geschrieben, dass Arbeitsräume nicht auch schön sein dürfen.

OBEN Der häusliche Arbeitsplatz muss nicht groß sein – wie dieser schlichte Tisch für Computer und Drucker beweist. Der Stuhl aus Plexiglas macht sich im Licht, das durch die Schiebevorhänge fällt, nahezu unsichtbar.

LINKS In diesem Raum zum Lesen und Entspannen steht die Behaglichkeit im Zentrum. Weich gepolsterte Sessel stehen vor einem Flachbildschirm, alle anderen technischen Geräte sind in den Einbauschränken versteckt, die gleichzeitig als Präsentationsfläche für die dekorativen Glasobjekte dienen.

LINKE SEITE Um moderne Technik in die Wohnumgebung zu integrieren, könnte man Bildschirme offen zeigen, zumal ihr Design häufig recht ansprechend ist. Kabel und unansehnliche Zubehörteile dagegen verschwinden in Schränken. Dieses Büro wirkt auch durch die vielen Deko-Objekte sehr wohnlich.

OBEN Bauliche Details beeinflussen die Wirkung einer Diele beträchtlich. Türen, die bis zur Decke reichen, strahlen etwas Imposantes, Bedeutsames aus. Kleine, versenkte Lampen führen den Blick die Treppe hinauf.

OBEN RECHTS Die Treppe aus Holz und Stein scheint im Raum zu schweben – eine gelungene Lösung in diesem luftigen, von Licht durchfluteten Haus. Das Glasgeländer sorgt für Sicherheit, ohne die Wirkung zu beeinträchtigen.

LINKS Für so aufwändige Details wie dieses verschnörkelte Geländer sollte man dezente Farben wählen. Den Blickfang bildet hier das Fenster, dessen duftige Vorhänge sich auf dem Boden bauschen.

FLUR ODER DIELE

sind die Visitenkarte einer Wohnung. Dass der erste Eindruck einiges Gewicht hat, gilt für Menschen und für Häuser gleichermaßen. Besucher bilden sich anhand dessen, was sie beim Betreten einer Wohnung sehen, eine Meinung über Stil, Geschmack und Wesen der Bewohner.

Umso erstaunlicher ist, dass Flure und Dielen oft stiefmütterlich behandelt werden. Vor allem hier sparen die meisten Menschen an der Gestaltung und Dekoration. Das ist aus zwei Gründen bedauerlich. Erstens ist der erste Eindruck auf Besucher ungünstig, zweitens fehlt dem Flur eine gestalterische Beziehung zur restlichen Wohnung, die aber mit wenig Kosten und Aufwand zu erreichen wäre, zumal solche Räume meist klein sind. Wer sich in einen Bodenbelag verliebt hat, der für die großen Wohnräume zu teuer wäre, könnte ihn doch im Flur verwenden. Die meisten Flure haben nur ein Fenster – was spricht also gegen eine edle und aufwändige Dekoration?

Besonders wichtig ist der Blick von der Eingangstür, der beim Eintreten den ersten Eindruck vermittelt. Doch meist öffnen sich weitere Türen auf den Flur, und sie sollten ebenso angenehme Ausblicke gewähren. Begutachten Sie den Flur auch einmal vom oberen Ende der Treppe. Geräumige Treppenhäuser bieten sich für spektakuläre Deckenlampen an, weil man sie aus verschiedenen Höhen sieht. Kleine Flure andererseits gewinnen, wenn man die Türen vergrößert. Stattliche Türen lassen selbst Räume bescheidener Ausmaße elegant und bedeutungsvoll wirken.

Der gleiche Flur wie im kleinen Bild (S. 56 oben rechts). Durch konsequente Verwendung von Holz und Stein haben die Architekten Beziehungen zwischen den Bereichen des Hauses geknüpft. Die Konstruktion wirkt wie aus einem Guss, weil die Einbauschränke und selbst das Aquarium maßgenau integriert wurden.

Ein frei tragendes Regal ersetzt in diesem Flur eines älteren Hauses die traditionelle Konsole. Die aufgereihten Reagenzglas-Vasen mit einzelnen weißen Rosen wirken wie eine Installation und harmonieren ausgezeichnet mit den schwarzweißen Blumenfotos an der Wand.

RECHTS Die interessanten Lampen wurden nach Maß für diesen Flur gefertigt. Gemeinsam mit der gepolsterten Wand und den strengen Konturen der Leisten schaffen sie japanische Atmosphäre. Die traditionellen asiatischen Stühle wurden hochglänzend lackiert und mit weißen PVC-Kissen ausgestattet.

OBEN LINKS Der Boden dieses Balkons besteht teilweise aus Holz und teilweise aus Glas, durch das Licht in die darunter liegenden Räume fällt. Von den ebenso bequemen wie dekorativen Sesseln hat man einen herrlichen Blick auf den sorgfältig gepflegten Garten.

OBEN RECHTS Hochstämmige Buchenhecken, akkurate Würfel aus Eibe und sauber geschnittene Buchsbaumhecken bilden das Gerüst dieser Gartenanlage. Ihr interessantes Formen- und Proportionengefüge wird durch den Wandel ihrer Schatten im Lauf des Tages noch reizvoller.

RECHTE SEITE:
LINKS Mit Kunstrasen belegte Halbkugeln fügen sich mit schwarzen Steinplatten und weißem Kies zu einer Installation, die an einen japanischen Garten erinnert. Eine pfiffige Lösung für ein Dach, das für einen konventionellen Dachgarten nicht stabil genug wäre.

RECHTS Eine Reihe verzinkter Pflanzkübel bietet diesem Balkon zur Straße hin Sichtschutz und wirkt dabei sehr dekorativ und harmonisch. Der akkurat gestutzte Buchsbaum ist immergrün, bietet also auch im Winter keinen traurigen Anblick.

TERRASSEN und Dachgärten sollte man nie losgelöst von der Wohnung gestalten. Letztlich sind es ja Räume im Freien, die in Beziehung zu den Innenräumen stehen. Schaut man von drinnen nach draußen, möchte man nicht das Gefühl haben, dass die Gestaltung am Fenster endet und dahinter etwas Fremdes beginnt. Von draußen betrachtet sollte die Terrasse wie ein harmonischer Übergangsbereich zwischen der Privatwohnung und der Außenwelt wirken.

Zuerst sind aber ganz handfeste Fragen zu klären, nämlich die der Elektroinstallation und Dränage. Überlegen Sie, zu welcher Tageszeit, an welchen Wochentagen und in welchen Jahreszeiten Sie den Außenbereich hauptsächlich nutzen. Wollen Sie draußen frühstücken oder werden Sie eher abends dort sitzen? Eine Außenbeleuchtung erweitert die Nutzungsmöglichkeiten erheblich. Vielleicht möchten Sie auch eine Terrassenheizung einbauen, damit Sie und Ihre Gäste an kühleren Abenden nicht gleich ins Haus flüchten müssen. Wer selten zu Hause ist und Pflanzen halten möchte, sollte eine Bewässerungsanlage einplanen. Vor allem junge Pflanzen in ihren ersten drei Standjahren haben dadurch erheblich bessere Überlebenschancen.

Ehe Sie Terrasse oder Balkon gestalten, beobachten Sie den Lauf der Sonne und die Veränderungen der Lichtverhältnisse, um sie möglichst optimal zu nutzen. Sehr wirkungsvoll ist auch die Wiederholung von Materialien – ganz schlichte Gärten sind oft am schönsten. Bevorzugen Sie immergrüne Pflanzen, die rund ums Jahr einen attraktiven Anblick bieten. Ich liebe Blumen im Haus, jedoch weniger im Garten, weil der visuelle Gewinn durch die Blüte allzu kurzlebig ist. Informieren Sie sich vor dem Kauf von Pflanzen über deren Wuchsverhalten, um eine Vorstellung der späteren Höhe und Dichte zu bekommen. Ich gestalte Wohnungen anhand eines Rasterprinzips, das ich auch bei der Anordnung von Bäumen und Sträuchern im Garten gern verwende, weil ich den Kontrast zwischen einer streng geradlinigen Anlage und den organischen Formen der Pflanzen ausgesprochen reizvoll finde. Auch Pflanzkübel, Tröge oder Steinkugeln kann man in Reihen anordnen. Um aber eine zu ausgeprägte Symmetrie zu vermeiden, sollte man Gartenobjekte stets in ungerader Zahl einsetzen. Wasserspiele haben besondere Qualitäten, weil sie den Garten durch Textur und Klang bereichern und außerdem schöne Licht- und Schatteneffekte produzieren.

Stimmung

EHE SIE EINEN RAUM GESTALTEN, SOLLTEN SIE SEINE ATMOSPHÄRE FESTLEGEN – ENTSPANNT ODER DYNAMISCH, BERUHIGEND ODER ANREGEND, EXTROVERTIERT ODER KONTEMPLATIV.

Es ist sinnvoll, vor wesentlichen Entscheidungen über die Raumgestaltung eine konkrete Vorstellung der gewünschten Atmosphäre und ihrer Auswirkungen auf Nutzung und Funktion des Raums zu entwickeln. Ganz unterschiedliche Stimmungen lassen sich beispielsweise durch Farben, Texturen, Formen oder Beleuchtung erzeugen. Man kann sogar für eine besondere Gelegenheit die Atmosphäre eines Raums total verändern, indem man einfach die Farbgebung oder die Beleuchtung manipuliert. Ein gutes Beispiel sind Esszimmer, die bei zwanglosen Familienmahlzeiten tagsüber ganz anders wirken können als bei einem festlichen Menü mit Gästen am Abend.

Wer jedoch keine ungewöhnlich große Wohnung besitzt, wird manchen Räumen eine Doppelrolle zuweisen müssen. Viele Menschen erledigen heute zumindest einen Teil ihrer Arbeit zu Hause, ohne allerdings ein separates Arbeitszimmer zu haben. Häufiger wird ein Teil des Wohn-, Ess- oder Schlafzimmers zur Arbeitszone erklärt. Tagsüber ist es wichtig, auch am häuslichen Schreibtisch effizient und konzentriert arbeiten zu können. Am Abend möchte man jedoch abschalten, darum sollte der Wechsel zu einer ruhigeren, entspannenden Atmosphäre leicht zu vollziehen sein. Das gilt in ähnlicher Weise übrigens auch für Bad und Schlafzimmer: Am Morgen möchte man sich dort frisch und voller Energie fühlen, allen Anforderungen des Tages gewachsen, am Abend dagegen wünscht man sich eine entspannende, harmonisierende Atmosphäre.

OBEN UND LINKS Das gleiche Esszimmer zu verschiedenen Tageszeiten. Am Abend sorgt eine raffinierte Kombination aus interessanten Deckenlampen, Stehleuchten, kleinen Einbauspots und Faseroptiklampen für Raumlicht, während Kerzen in modernen Standleuchtern und Windlichtern eine warme, intime Stimmung schaffen. Am Tag hat der Raum eine ganz andere Atmosphäre. Der Tisch bleibt gedeckt, weil ein leerer Esstisch traurig und vernachlässigt wirkt.

UNTEN LINKS Von dieser Sitzgruppe im Freien, die durch ein Dach vor den Elementen geschützt ist, blickt man direkt auf den Garten. Die Korbmöbel mit den Polstern mit weißen Leinenbezügen vermitteln eine entspannte, lockere Atmosphäre. Auch die Lampenschirme bestehen aus Leinen.

UNTEN Ein Kaminfeuer ist ein Garant für Behaglichkeit, für die hier auch die weich gepolsterten Möbel und die dicken Kissen mit der breiten Bauchbinde sorgen. Die moderne Leselampe neben dem Sessel produziert am Abend eine intime Lichtinsel.

Maßstab und Proportion

DURCH VERWENDUNG VON OBJEKTEN VERSCHIEDENEN MASSSTABS BEKOMMT EINE RAUMEINRICHTUNG CHARAKTER. HABEN ALLE ELEMENTE ÄHNLICHE PROPORTIONEN, KANN DAS GESAMTBILD FANTASIELOS UND VORHERSEHBAR WIRKEN. DAS SPIEL MIT EXTREMEN PROPORTIONEN IST EIN KUNSTGRIFF, DEN RAUMGESTALTER SCHON SEIT JAHRHUNDERTEN EINSETZEN.

Maßstab und Proportion gehören zu den Aspekten der Innenarchitektur, die am schwierigsten zu erlernen sind. Dabei können gerade sie viel größeren Einfluss auf die Raumwirkung haben als Farben, Texturen oder Dekorationen.

Räume, in denen alle Elemente ähnlich proportioniert sind, wirken oft fade und einfallslos, weil es nichts gibt, an dem der Blick ganz natürlich hängen bleibt. Es scheint fast, als würden alle Elemente ineinander übergehen. Denken Sie zum Vergleich einmal an die prächtigen, imposanten Bauten früherer Generationen: Die hohen Spitzbögen einer gotischen Kathedrale oder die imposante Kontur des Empire State Building sind alles andere als fade. Früher setzte man Statuen, Gemälde, Teppiche oder Leuchter ein, die für Räume von riesigen Ausmaßen dimensioniert waren – eigentlich viel zu groß für die kleinen Menschen. Schon damals wusste man, dass große Räume nach großen Objekten verlangen. Das Übersteigern von Proportionen gehört schon seit Jahrhunderten zu den Tricks der Raumgestalter. Die Zeiten riesiger Wandteppiche und Säulen sind vorbei, doch heute gibt es andere Spielarten dieses Kunstgriffs. Denken Sie beispielsweise an Fußböden aus großen Natursteinplatten oder breiten Dielen. Stellen Sie sich wandhohe Türen oder Raumteiler aus Stoffbahnen im Stil von Shoji-Paneelen vor, vielleicht auch die Wirkung ausgewählter Möbelstücke, dekorativer Kronleuchter, massiger Amphoren oder riesiger, lässig an die Wand gelehnter Spiegel. Beim Einsatz großer Stücke gibt es nur eine Regel: Gehen Sie bis an die Grenze dessen, was der Raum verkraftet.

GOLDENE REGELN: MASSSTAB UND PROPORTION

1 Variationen des Maßstabs sorgen für Aufsehen. Diese riesigen Holzgefäße aus Afrika fallen beim Betreten des Raums sofort ins Auge. Verschiedene Höhen sind ein Hauptmerkmal dieser Raumeinrichtung – die Gefäße setzen dieses Konzept perfekt um.

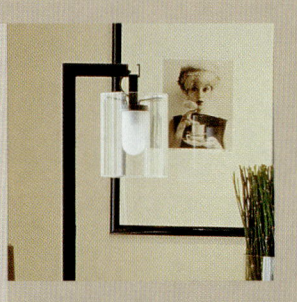

2 Auch die hohen Stehlampen auf beiden Seiten betonen die Vertikale. Ihre geometrische Form wiederholt sich in den Konturen der schwarzen Bilderrahmen, die entgegen der Konvention neben dem Kamin hängen, statt darüber.

3 Ein weiteres vertikales Detail sind die großen Glaszylinder mit den Gräsern, deren Anordnung der Symmetrie des Raums folgt. Es entsteht der Eindruck, als würden alle Elemente den Blick zur Mitte lenken.

4 Die niedrige Bank im japanischen Stil sorgt durch ihre horizontale Betonung für Kontrast. Sie fällt beim Betreten des Raums sofort ins Auge, ohne aber die dominanten, vertikalen Linien zu schneiden. Die akkuraten Stapel unterschiedlich großer Kissen bilden ein weiteres vertikales Element.

Damit die proportionalen Kontraste zur Geltung kommen, müssen jedoch in der Raumgestaltung die wenigen, sorgfältig ausgewählten Maxi-Elemente durch kleinere Objekte ergänzt werden. Der Einsatz kleiner Dinge verlangt oft mehr Geschick und Feingefühl als die Verwendung großer Stücke. Der größte Fehler, den man machen kann, ist ein Sortiment aus Kinkerlitzchen, die keinen Bezug zueinander besitzen. Im Zweifelsfall halten Sie sich an einige einfache Regeln. Auswahlkriterien für kleine Objekte sollten Form oder Kontrast sein. Ordnen Sie gleichartige Objekte in Gruppen oder Reihen an – aber nicht zu viele. Platzieren Sie sie in der Nähe großer Stücke, damit die beiden Extreme einander betonen. So könnte man beispielsweise rechts und links von einer großen Tür Reihen aus kleinen Schwarz-Weiß-Fotos anbringen oder auf dem wuchtigen Sims eines klassischen, schwarzen Marmorkamins drei winzige Silberschalen aufstellen. Schön wäre auch eine einzelne Rosenblüte vor einem riesigen Makrofoto mit einem Rosenmotiv. Immer geht es darum, zwischen den Extremen eine Spannung zu erzeugen, jedoch ohne dass dabei die Ausgewogenheit der Gesamtgestaltung verloren geht.

Durch die Proportionen lässt sich auch das Raster betonen, das meiner Meinung nach die Grundlage jeder Raumgestaltung bilden sollte. Überdimensionale Objekte können den Blick auf die senkrechten oder waagerechten Achsen lenken, auf denen das Raumkonzept basiert. So könnte man einen niedrigen, aber sehr breiten Tisch neben eine schlank aufragende Lampe stellen und in der Nähe kleinere Gegenstände platzieren, die diese Rasterstruktur weiter definieren.

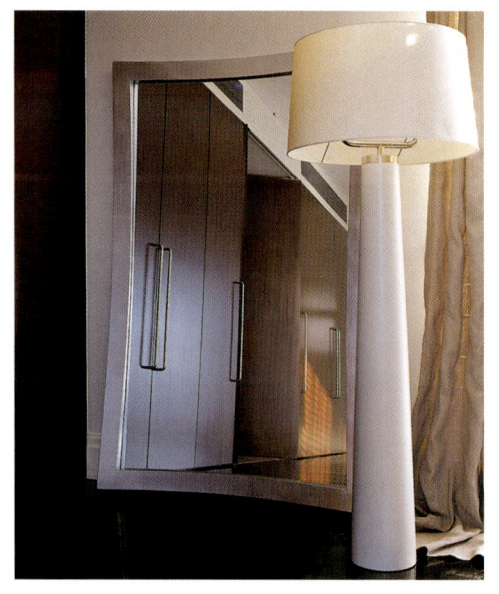

GOLDENE REGELN: PROPORTIONEN

1 Große Räume erfordern große Möbel, damit sie intimer wirken. Die Faustregel lautet: Kaufen Sie die größten Stücke, die Sie sich leisten können.

2 Große Objekte in kleineren Räumen täuschen das Auge: Der Raum wirkt größer, als er tatsächlich ist.

3 Sorgen Sie für Abwechslung, statt ein Mittelmaß anzustreben. Kombinieren sie bewusst große und kleine Elemente.

4 Kleine Objekte lassen bescheidene Räume klein wirken, während sie große Räume riesig erscheinen lassen.

5 Gegenstände mit kontrastierenden Proportionen sollten durch Farbe oder Textur eine subtile Verwandtschaft vermitteln.

OBEN Die Großzügigkeit dieses Wohnraums wird durch den überbreiten Tisch und die wuchtigen Sofas betont. Die Keramikschalen und die winzigen Kissen fallen in diesem Umfeld gerade durch ihre geringe Größe ins Auge.

LINKS Hier lenken die Accessoires den Blick vom mittig aufgestellten Bildschirm ab. Schlanke Glasvasen mit hohen Papyrus-Stielen bilden einen Kontrast zum ausgeprägt waagerechten Schrank, auch die Holzskulptur (links) betont die Vertikale.

LINKE SEITE:
OBEN Der lässig an der Wand lehnende Spiegel und die große Stehlampe sind in einem geräumigen Ankleidezimmer ebenso dekrativ wie praktisch. Die Höhe der Einbauschränke wird durch die langen Griffe an den Türen betont.

UNTEN Drei schlanke Gefäße mit Orchideen dienen als Dekoration eines Esszimmers mit wenig Stellfläche. Die zylindrischen Hängelampen und die gläsernen Windlichter auf dem Tisch greifen die Form und die streng lineare Anordnung der Blüten auf.

Raum und Funktion

Symmetrie und Ausgewogenheit

IN ASYMMETRISCHEN RÄUMEN HAT MAN ZWEI MÖGLICHKEITEN. MAN KANN MIT OPTISCHEN TRICKS EINEN SYMMETRISCHEN EFFEKT SIMULIEREN ODER DIE ASYMMETRIE BEWUSST ALS GESTALTUNGSELEMENT NUTZEN.

GOLDENE REGELN: SYMMETRIE

1 Im Schlafzimmer fördern Symmetrie und Ordnung den erholsamen Schlaf. Auch in einem ungünstig proportionierten Raum sollte man die Mitte finden und von hier aus den besten Standort für das Bett festlegen. Die weitere Einrichtung wird spiegelbildlich aufgebaut. Hier haben Vorhänge, Stühle, Bilder, Nachttische und Lampen jeweils ein identisches Gegenstück auf der anderen Seite des Betts.

2 Nutzen Sie vertikale Linien bei der Raumgestaltung wie ein aufrechtes Skelett. Hier lassen die Vorhänge, das Kopfteil des Betts und die übereinander hängenden, gerahmten Fotos den Raum höher wirken. Die waagerechten Linien der dünnen Voile-Gardinen und der Fotomotive schaffen ein Gegengewicht.

3 Möbel müssen nicht direkt am Fußende des Betts aufgestellt werden. Diese eleganten Stühle stehen frei im Raum und lenken den Blick auf das Bett im Hintergrund. Sie sind praktisch zum Ablegen von Büchern oder Kleidern, doch hauptsächlich dienen sie dazu, dem Raum durch ihre schwungvolle Form Charakter zu geben. Hier gilt die Regel: »Folgen Sie nicht jeder Konvention.«

4 Damit ein symmetrischer Raum gelungen wirkt, braucht er einen asymmetrischen Akzent. Hier lockern drei Vasen mit rosa Rosen die spiegelbildliche Anordnung aller anderen Elemente auf. Auch die abgestuften Höhen sind ein bewusst gewähltes Detail. Wer genau hinschaut, sieht auf dem rechten Nachttisch eine Reihe von Einzelblüten als winziges Gegenstück.

5 Das Foto über dem Bett ist das optische Zentrum der gesamten Einrichtung dieses Raums. Das Format ist gut auf die Breite des Betts abgestimmt und wirkt durch die Platzierung mitten auf der Wand wie ein Ankerpunkt für alle anderen Elemente. Das Arrangement auf dem Bett hat Methode: Erst wird Symmetrie geschaffen, dann wird sie durch ein lässig hingeworfenes Kissen aufgelockert.

Natürlich ist ein symmetrischer Raum immer die beste Ausgangsbasis. Wenn ich das Glück habe, einen architektonisch harmonischen Raum vorzufinden, versuche ich diese Harmonie durch die Gestaltung zu wahren. Allerdings sind die wenigsten Räume symmetrisch und Umbauten schließen sich aus statischen oder finanziellen Gründen oft aus. Statt dessen kann man die Proportionen aber durch geschickte Einbauten manipulieren, etwa Nischen durch Regale füllen oder eine Wand komplett mit Einbauschränken bedecken, sodass ein Fenster mittiger wirkt als es in Wirklichkeit ist. Auch die Ausleuchtung des Raums und die Platzierung der Möbel kann dem Auge einen Eindruck räumlicher Symmetrie und Ausgewogenheit vermitteln.

Eine zweite Möglichkeit besteht darin, den Blick durch überproportionierte Elemente auf bestimmte Bereiche des Raums zu ziehen – und gleichzeitig von ungünstigeren Details abzulenken. Das gelingt am besten in Räumen, die neutral und ruhig gestaltet sind. Andererseits kann Asymmetrie aber auch eine erwünschte dynamische Spannung im Raum erzeugen und, ähnlich wie abwechslungsreiche Texturen oder Proportionen, durchaus anregend wirken.

Die Ausgewogenheit muss gewahrt bleiben. Das bedeutet, dass zwischen Formen, Texturen und Farben Beziehungen erkennbar sein sollten. Nach dem Verständnis des Zen entsteht Harmonie zwischen Objekten nicht nur durch diese selbst, sondern auch durch den Raum zwischen ihnen.

OBEN Der runde Tisch hat die perfekte Form für dieses abgerundete Esszimmer. Die im Dreieck aufgehängten Bilder unterstreichen die Raumform und schaffen gleichzeitig Symmetrie. Auch die beiden Kübel mit Orchideen sind spiegelbildlich aufgestellt.

LINKS Ein dunkler Streifen aus gebeiztem Holz zieht sich durch den Marmorfußboden dieser Diele und betont die spiegelbildlich platzierten Möbel und Lampen auf beiden Seiten. Die gewölbten Glasscheiben im oberen Teil der Wandflächen wiederholen die Form der Türen darunter.

LINKE SEITE Hier sorgt das Regal, in dessen Mitte sich der Fernseher befindet, für Symmetrie. Rechts und links sind hohe Türen eingebaut, von denen jedoch nur eine in einen angrenzenden Raum führt. Die andere wurde aus Gründen der optischen Ausgewogenheit eingebaut und versteckt die Klimaanlage.

GOLDENE REGELN: SYMMETRIE UND AUSGEWOGENHEIT

1 Architektonische Elemente und nach Maß gefertigte Einbauten können helfen, Räume symmetrischer wirken zu lassen, als sie sind.

2 Wichtig ist ein zentraler Blickfang, etwa ein mittig platziertes Möbel, auf das alle anderen Elemente ausgerichtet sind.

3 Stellen Sie sich den Raum als Raster vor und machen Sie sich die waagerechten und senkrechten Achsen bewusst, die durch die Einrichtung entstehen.

4 Ist die Symmetrie hergestellt, fügen Sie ein asymmetrisches Detail hinzu. Erstaunlicherweise wirkt das Gesamtbild dadurch harmonischer.

5 Sorgen Sie für optisches Gleichgewicht, etwa durch eine visuelle Verbindung zwischen Objekten verschiedenen Maßstabs oder Elementen in einer Akzentfarbe.

FARBE UND TEXTUR

GOLDENE REGELN: FARBE UND TEXTUR

1 Im Zusammenhang mit Farbe und Textur ist Kontrast das Zauberwort, der hier beispielsweise durch den Gegensatz des weichen, matten Ziegenfellteppichs mit dem glänzenden Lacktisch entsteht. Ledersessel mit Chromgestell sind ein weiteres Element in diesem Spiel mit Kontrasten.

2 Ähnlich verhält es sich mit Farben. Dieser maskuline Raum ist vorwiegend in warmen erdigen Farben eingerichtet, doch die Samtkissen und die Fensterdekoration setzen dynamische Akzente in gedämpftem Orange.

3 Texturen werden auch durch Licht beeinflusst. Dieser Ohrensessel aus glattem Leder wird durch die Stehlampe direkt angestrahlt und erhält dadurch besonderen Glanz. Die hellen Lichtreflexe knüpfen an die Farbe der Jalousien am Fenster an.

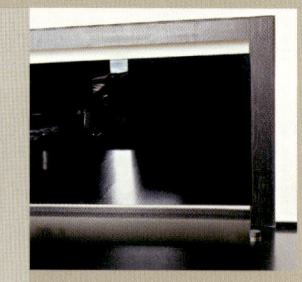

4 Die Heizkörperverkleidung aus schwarzem, spiegelndem Glas besticht durch ihre ungewöhnliche Textur und führt den Blick gleichzeitig zurück zu dem schwarzen Ziegenfellteppich, der in Farbe und Textur die visuelle Verankerung der Gestaltung bildet.

RECHTS Wenn, wie in diesem urbanen Wohnraum, eine einzige Farbe die Raumgestaltung dominiert, sollte durch vielfältige Texturen für Abwechslung gesorgt werden. Der Ziegenfellteppich bildet das visuelle Zentrum, auf das alle anderen Elemente ausgerichtet sind.

Farbe und Textur

MIR FÄLLT IMMER WIEDER AUF, DASS IN DESIGNBÜCHERN FARBE UND TEXTUR SEPARAT BETRACHTET WERDEN. MEINER MEINUNG NACH IST DAS UNSINN. WIE KANN MAN EIN FARBSCHEMA AUSWÄHLEN, OHNE DEN ASPEKT DER TEXTUREN UND IHREN EINFLUSS AUF DIE FARBWIRKUNG ZU BERÜCKSICHTIGEN? WIE KANN MAN SICH FÜR EINE TEXTUR ENTSCHEIDEN, OHNE AUF DIE FARBEN ZU ACHTEN, DIE SIE UMGEBEN? FÜR MICH GEHÖREN BEIDE FAKTOREN ZUSAMMEN.

Es ist allgemein üblich, Farben in zwei Lager aufzuteilen und entweder als warm oder kalt zu klassifizieren. Sand und Creme sind immer warm. Taupe, Weiß und Grau dagegen können ins Warme oder ins Kühle tendieren. Mit etwas Geduld kann man seinen Blick schulen. Wer gelernt hat, warmes und kühles Weiß zu unterscheiden, kann bald leicht auch die Nuancen anderer Farben identifizieren. Man lernt schon viel, indem man einfach mit Farbmusterkarten herumspielt. Suchen Sie ein reines Weiß heraus und legen Sie andere Weißtöne daneben. Sie werden bald die Unterschiede erkennen: Ein Weiß tendiert zu Rosa, ein anderes zu Gelb, Grau, Blau und so weiter.

Außerdem muss bedacht werden, dass auch Texturen die warme oder kühle Wirkung einer Raumgestaltung beeinflussen. Wieder gibt es offensichtliche Beispiele. Kaschmir, Wolle und Naturholz sind warm – Leinen, Glanzlack und Marmor kühl. Andere Texturen sind diffiziler. Samt beispielsweise kann sich warm anfühlen, im richtigen Licht aber kühl schimmern. Murano-Glas fühlt sich kühl an, doch von hinten angestrahlt leuchten seine wilden Farben unbestreitbar warm. Das Vergnügen beim Entwickeln eines Raumkonzepts beruht teilweise auf diesem Spiel mit den Texturen, denn erst sie sorgen für die nötige Dynamik, die verhindert, dass Räume in Neutraltönen langweilig und fade wirken. Die Kunst bei der Gestaltung mit Farben und Texturen besteht nicht nur darin, passende Kombinationen zu finden, sondern sich ihrer Dynamik bewusst zu sein. Wer ein auffallendes Farbkonzept wählt – etwa ganz in Weiß, was erstaunlich extrovertiert wirkt – könnte durch warme Texturen in Sandtönen ein mäßigendes Element einführen oder auch durch weitere weiße Elemente in hochglänzendem Lack, Porzellan oder Satin der Farbgestaltung noch mehr Nachdruck verleihen. So bestimmen die verschiedenen Ebenen von Farbe und Textur die Gesamtatmosphäre eines Raums.

Taupe

Taupe ist die ideale, neutrale Farbe. Es ist weder zu warm noch zu kühl, es schreit nicht nach Aufmerksamkeit oder schlägt auf den Appetit, es wirkt harmonisch, friedlich, meditativ.

Für mich ist Taupe der beste Gegenpol zu dem hektischen, unruhigen Leben, das wir heute führen. Es verleiht einem Raum eine tiefe Ruhe, die sich unterschwellig auch auf seine Benutzer überträgt. Wer sich noch nicht eingehend mit der neutralen Palette befasst hat, wird staunen, wie viele Nuancen diese Farbe hat. Taupe schwebt irgendwo zwischen Braun und Grau, kennt aber zahllose Variationen. Wer das nicht glaubt, sollte einmal mit Farbmustern experimentieren. Sie werden entdecken, dass es allein innerhalb der Farbfamilie Taupe ein ganzes Mini-Spektrum an Nuancen gibt.

Die einzige Farbe, die sich gar nicht mit Taupe verträgt, ist Gelb. Folglich sind auch die Sand-, Creme- und Buttertöne als Kombinationsfarben ungeeignet. Ebenso wenig harmonieren gelbliche Hölzer wie Eiche, gelbliche Metalle wie Bronze und Messing oder gelblicher Naturstein (z. B. Sandstein) mit Taupe. Unter gestalterischen Aspekten sind Taupe und Sand für mich so weit voneinander entfernt wie Nord- und Südpol.

Andererseits bieten sich zu Taupe viele reizvolle Kombinationsmöglichkeiten, etwa große Urnen mit schön gestutzten Moosen, Spiegel mit silbrigen Rahmen, schwarz gerahmte Fotos oder Plexiglasmöbel, die sich nahezu unsichtbar machen. Auch Metalle wie Chrom und Edelstahl passen sehr gut in einen Raum in Taupetönen.

Ist ein Raum vorwiegend in Taupe gehalten, spielen die Texturen eine wichtige Rolle. Hier bringt die bestickte Tagesdecke ein dezentes Muster ins Spiel, während die zarten Vorhänge und die Holzschalen subtil kontrastieren. Das farbige Foto ist eine verblüffende, aber gelungene Ergänzung.

TAUPE MAG

- schneeweiße Farbe
- dunkel gebeiztes Holz
- Leinen mit violetten Untertönen
- Stein in Grau- und Blautönen, etwa blauer Sandstein
- Metalle wie Silber und Chrom
- Grau oder Braun als Kombifarbe
- Grün, Violett oder Rot als Akzentfarbe
- klares Glas

TAUPE VERABSCHEUT

- gelbstichige Töne wie Creme, Sand
- gelbliche Hölzer wie Eiche
- gelbstichiges Leinen
- Leder in Beigetönen
- gelblichen Naturstein
- Accessoires mit Gelbstich, z. B. Porzellan in Cremetönen

OBEN Blasse Cremetöne ohne Gelbstich harmonieren gut mit Taupe, wie dieses ruhige, einladende Schlafzimmer zeigt. Das akkurate Ausrichten des hellen Läufers auf der Tagesdecke ist unkompliziert, denn er ist eingenäht.

OBEN LINKS In einem Raum ganz in Taupe ist das Spiel mit den Texturen besonders wichtig. Hier besteht der Streifen auf dem Kissen aus dem gleichen Kaschmirstoff wie der Sofabezug, für das Kissen selbst wurde Leinen in einem helleren Taupeton verwendet.

LINKS Taupe hat viele Schattierungen. Diese Tagesdecke besteht aus Wollstoff in einem dunkleren Taupeton mit einer helleren Einfassung aus Satin, die auf dem Boden aufstößt. Wengé-Möbel geben dem Ton in Ton gehaltenen Raum eine visuelle Verankerung.

UNTEN LINKS Taupe eignet sich auch für Details ausgezeichnet. Hier wird die Kontur des Vorhangs, der sich auf dem Boden staucht, durch einen taupefarbigen Streifen betont, der zugleich einen schönen Übergang zwischen dem dunklen Fußboden und dem helleren Stoff bildet.

LINKE SEITE Ein dunkler Holzboden ist der ideale Hintergrund für das helle Geflecht des Stuhls und das Kissen in zwei sanften Taupetönen. Das Flechtmuster des Stuhls knüpft optisch an die Struktur des Teppichs mit der weichen Wildledereinfassung an.

Farbe und Textur | 79

WAS PASST ZU TAUPE?

Einer der besten Partner für Taupetöne ist klares Glas, weil es nicht mit seiner Umgebung konkurriert, sondern visuell mit ihr verschmilzt. Zugleich fängt es das Licht ein, was Taupetönen gut bekommt. Hohe Glasvasen, gläserne Lampenfüße und selbst eine Reihe schlichter Vorratsgläser sind schlichte und preiswerte Accessoires, die ein Farbschema in Taupe durch ihre Textur aufwerten. Denken Sie aber daran, dass Taupe sich mit Metallen nur bedingt verträgt. Gold-, Messing- und Rosttöne sind ungeeignet, Chrom und Edelstahl passen gut. Auch Silber sieht sehr edel aus. Und für elegante Details bieten sich verschiedene Naturmaterialien wie Perlmutt, Horn oder Chagrinleder an.

OBERE REIHE:

LINKS Wer einem Raum durch markante Farbblöcke Charakter geben möchte, könnte eine spezielle Oberfläche wie diesen Verputz in Taupe wählen. Er sieht in einer Küche in verschiedenen neutralen Tönen sehr dekorativ aus.

MITTE Schiebevorhänge in verschiedenen neutralen Farben bilden den Hintergrund für diesen schlichten Sessel in Taupe. Die Kombination wirkt sanft und harmonisch. Hohe Glasvasen mit Calla in Mangotönen wirken lebendig, aber nicht grell.

RECHTS Diese Türen wurden mit einem speziellen Verputz in Taupetönen versehen, der durch das Spiel des Lichts besondere Tiefe erhält. Schlichte, strenge Türgriffe aus Chrom sind die ideale Ergänzung.

OBEN Eine Holztäfelung in sanftem Taupe definiert die Stimmung dieses Schlafzimmers, die Kissen in hellem Elfenbein sind eine stimmige Ergänzung. Die Accessoires sind gekonnt gewählt: Lampen mit klaren Glasfüßen und eine Vase aus Murano-Glas in Taupetönen.

OBEN LINKS Wengé ist ein guter Partner für Taupe, das zeigt dieser Spiegel aus gebeiztem Holz, der an der Wand lehnt und das Bett (großes Foto) reflektiert. Vor Wand und Boden in hellen Taupetönen ist er ein eleganter Blickfang.

RECHTS Im Winter ist diese Tagesdecke aus schwerem Samt in dunklem Taupe ein herrlicher Anblick. Das helle Creme der Einfassung und der Kissen bringt Farbton und Stofftextur noch besser zur Geltung. Alle Kissen sind mit farblich abgestimmten Hornknöpfen verziert.

TAUPE TON IN TON
1. Sisal-Bodenbelag
2. Antiksamt
3. Naturleinen
4. Naturleinen
5. Kaschmir
6. Dunkel gebeiztes Wengé-Holz
7. Matte Dispersionsfarbe
8. Effektputz (Chagrinleder-Effekt)
9. Fischgrat-Leinen
10. Naturleinen
11. Kaschmir in Holzkohlegrau

Gestalten mit Taupe

EINE EINRICHTUNG IN NEUTRALEN FARBEN IST IN KREATIVER HINSICHT BESONDERS BEFRIEDIGEND, WEIL MAN DURCH EINSATZ VERSCHIEDENER AKZENTFARBEN DIE GESAMTWIRKUNG SCHNELL VERÄNDERN KANN. TAUPE IST EIN IDEALER HINTERGRUND FÜR KRÄFTIGE, SATTE FARBEN WIE GRÜN, VIOLETT UND DUNKELBRAUN.

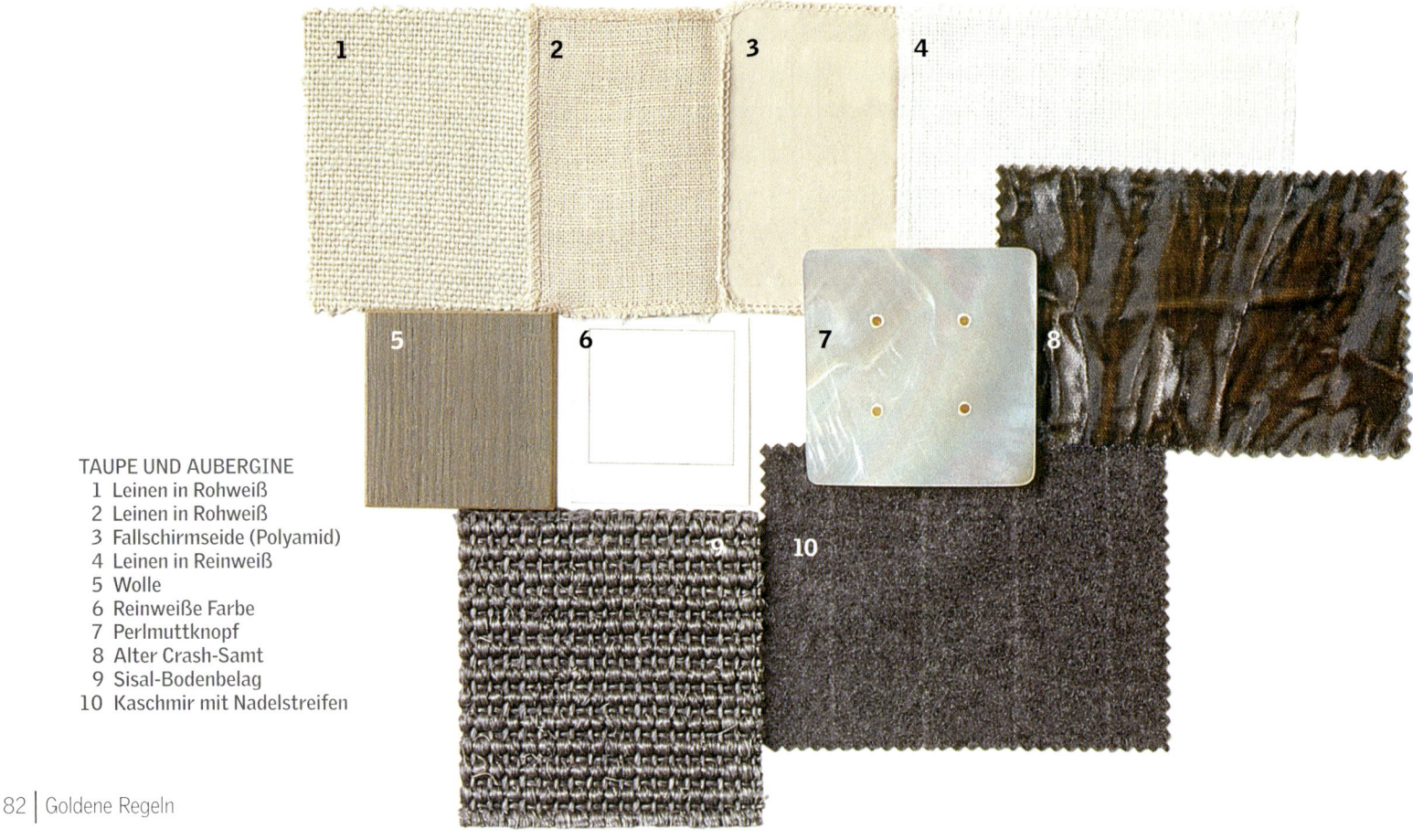

TAUPE UND AUBERGINE
1. Leinen in Rohweiß
2. Leinen in Rohweiß
3. Fallschirmseide (Polyamid)
4. Leinen in Reinweiß
5. Wolle
6. Reinweiße Farbe
7. Perlmuttknopf
8. Alter Crash-Samt
9. Sisal-Bodenbelag
10. Kaschmir mit Nadelstreifen

**TAUPE
MIT SCHOKOLADENBRAUN**
1. Fallschirmseide (Polyamid)
2. Effektputz
3. Naturleinen
4. Sisal-Bodenbelag
5. Glänzendes Synthetik-
   Seiden-Mischgewege
6. Grobes Leinen
7. Hornknopf
8. Dunkel gebeiztes
   Wengé-Holz
9. Wildlederimitat
10. Antiksamt
11. Wollfilz

TAUPE-KOMBINATIONEN

Ausschließlich in Taupetönen kann man wunderschöne Einrichtungen gestalten (oben links), solange für Texturkontraste gesorgt ist. Empfehlenswert sind Gegensätze – rau und glatt, matt und glänzend, opak und transparent. Ein kräftiger Naturfaser-Bodenbelag erdet hier im wahrsten Sinne des Wortes die Gestaltung und bildet den Hintergrund für schimmerndes Leinen und Accessoires aus Chagrinleder. Crash-Samt in Olivgrün setzt einen Farbakzent und knüpft zugleich an den grünlichen Unterton des Naturleinens an. Dunkel gebeiztes Holz ohne jeden Gelbstich ist für einen Raum ganz in Taupe die beste Wahl. Wer Naturstein verwenden möchte, sollte ein Material in einem Grauton wählen, etwa Schiefer oder grauen Basalt.

Taupe ist das Chamäleon unter den Farben. Je nach Helligkeitsgrad, Kombinations- und Akzentfarben erscheint sein Charakter immer wieder anders. Es ist ein ausgezeichneter Hintergrund für Grautöne (links), sei es ein helles Taubengrau oder ein dunkler Holzkohleton. Diese Farbkombination vermittelt eine dunkle, abendliche, subtil erotische Stimmung. Dass gelbliche Cremetöne dazu nicht passen, ist offenkundig, reines Weiß dagegen wäre ideal. Violett ist eine ausgesprochen sinnliche Farbe, insofern stellt der herrliche Samt hier genau die richtige Wahl für die Akzentfarbe dar.

Wie vielseitig Taupe ist, zeigt die Kombination eines dunkleren Tons mit kräftigem Schokoladenbraun, das der Einrichtung eine prägnante Note gibt, dabei aber behaglich, warm und vielseitig ist. Es widerlegt auch die Annahme, dass Taupe eine kühle Farbe ist, denn in dieser Kombination wirkt die Farbe sehr warm, wie geschaffen für winterliches Wetter. Dieses Farbschema passt ebenso gut in ein ländliches Haus wie in eine edle Stadtwohnung. Lebendiges, energiegeladenes und ausdrucksvolles Rot ist hierzu die perfekte Akzentfarbe, die man beispielsweise durch Glasvasen oder auch durch ein Arrangement aus frischen Rosen ins Spiel bringen könnte.

Sand-Töne

Sand ist warm, behaglich, einhüllend. Es schafft eine ungemein einladende Atmosphäre, in der man sich sofort wohl fühlt. Außerdem hat es praktische Vorzüge, weil es pflegeleichter als andere helle Farben ist – sicherlich ein Grund für die Beliebtheit dieser Farbe bei jungen, lebhaften Familien in ländlicher Umgebung. Und schließlich haben Sandtöne eine sehr natürliche, erdige Ausstrahlung.

Vor allem Männer schätzen warme Sandtöne, allerdings besteht manchmal Gefahr, dass die Farbe zu ausschließlich eingesetzt wird. Aus diesem Grund wähle ich gern Stoffe mit einem dezenten Muster, vielleicht Streifen oder Karos, um allzu große sandfarbige Flächen auf subtile Weise aufzulockern.

Taupe passt nicht zu Sand – und Sand verträgt sich nicht mit Taupe. Das liegt daran, dass Taupe einen unterschwelligen Rosastich hat, Sand dagegen einen Gelbstich. Es wäre Zeitverschwendung, wenn man versuchen wollte, eine gangbare Kombination zu finden. Mit anderen Farben, vor allem Cremetönen, Weiß und Braun, verträgt sich Sand jedoch ausgezeichnet. Es eignet sich sogar als Akzentfarbe gut. Ein ganz in Weiß gestalteter Raum mit sandfarbenen Details wirkt ganz anders als eine Einrichtung, in der Sandtöne dominieren.

Beim Einrichten in neutralen Tönen spielen die Texturen immer eine Hauptrolle. Im Fall der Sandtöne sollte man besonders auf ausdrucksvolle Texturen achten, damit das Gesamtbild nicht fad und konturlos wirkt. Ein Übermaß an Texturen ist eigentlich gar nicht möglich, erst Kontraste wie grob und zart, dicht und transparent geben solchen Einrichtungen Charakter. Wenn ich die Wärme von Sandtönen unterstreichen möchte, wähle ich gern schöne Hölzer, etwa Tische mit edlen Intarsien, glänzende Holzböden und vielleicht Möbel oder Accessoires in rehbraunem Leder.

Die Sandtöne der Wände, der Einbauten und des Fußbodens sehen in diesem Wohnraum über zwei Ebenen sehr harmonisch aus. Weil der Ton von Teppich und Polstermöbeln eher zu Creme als zu Karamell tendiert, wirkt das Gesamtkonzept hell und dezent feminin.

SAND MAG

- sanfte Cremetöne
- klares Weiß
- dunkle Hölzer wie Wengé
- gelbliches Naturleinen
- Naturstein in Beige, etwa Sandstein
- Metalle wie Bronze oder Kupfer mit Verdigris
- Karamell- und Rosttöne als Kombipartner
- Bronze- oder Perlmuttglanz-Akzente
- einen Hauch Orange

SAND VERABSCHEUT

- den Rosastich von Taupe
- Metalle wie Stahl oder Aluminium
- Naturstein mit Blaustich
- Hölzer mit rötlichem Unterton, z.B. Kirschbaum
- Accessoires in grellen Farben
- zu viel Schwarz

OBEN Interessante Glasobjekte eignen sich bestens, um andere Farben als Akzent zu integrieren. In diesem Bad in Sandtönen ist die organisch geformte Vase mit Streifen in Ocker und Schokoladenbraun ein gelungener Blickfang.

GANZ OBEN Halbtransparente Schiebepaneele aus Stoff, zwei afrikanische Trommeln aus dunklem Holz und der matte Bezugsstoff des Sessels sorgen für Texturkontraste. Unterschiedliche Texturen sind vor allem in Räumen, die überwiegend in einer neutralen Farbe wie Sand gestaltet sind, sehr wichtig.

LINKS Das übergroße Kopfteil des Betts ist nicht nur als Bauelement spektakulär, sondern dient gleichzeitig als ungewöhnlicher Farbakzent. Stoffe in hellen und dunklen Sandtönen kontrastieren sehr schön mit den dunklen Holzwänden.

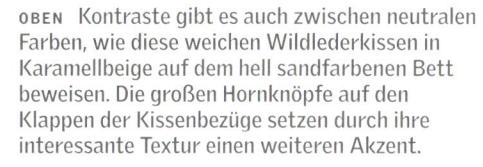

OBEN Kontraste gibt es auch zwischen neutralen Farben, wie diese weichen Wildlederkissen in Karamellbeige auf dem hell sandfarbenen Bett beweisen. Die großen Hornknöpfe auf den Klappen der Kissenbezüge setzen durch ihre interessante Textur einen weiteren Akzent.

GANZ OBEN Die strukturierte Wand in hellem Sandton schafft in dem kleinen Bad eine warme Atmosphäre. Das Waschbecken aus hell cremefarbenem Sandstein hebt sich wie eine Skulptur vor der Wand ab.

RECHTS Sandtöne eignen sich auch für Accessoires gut. Der Farbton der Einsätze in diesen cremefarbenen Kissenbezügen wiederholt sich auf den anderen Polstern im Raum und bereichert so das neutrale Farbschema um eine zusätzliche tonale Ebene.

OBEN In dieser Sitzecke eines Schlafzimmers harmonieren die Schiebetüren aus dunklem Holz gut mit den Sandtönen. Die Lampen mit den Schirmen aus duftiger Seide lockern das Ensemble durch ihre Leichtigkeit auf.

Farbe und Textur | 87

Gestalten mit Sandtönen

WER SANDTÖNE WÄHLT, MUSS ZUERST ENTSCHEIDEN, OB SIE ALS HAUPTFARBE ODER NEBENFARBE DIENEN SOLLEN. ÜBERWIEGEND IN SAND GESTALTETE RÄUME WIRKEN WARM UND GEMÜTLICH, IST SAND DAGEGEN AKZENTFARBE IN EINEM FARBSCHEMA IN CREMETÖNEN, ENTSTEHT EINE HELLE, LUFTIGE ATMOSPHÄRE.

SAND TON IN TON
1. Kaschmir in Kamel-Beige
2. Fallschirmseide (Polyamid)
3. Gewebter Papier-Bodenbelag
4. Sandstein in Beige
5. Sisal-Bodenbelag
6. Leinen
7. helles Eichenholz
8. Leinen
9. Farbe in Orchideen-Weiß
10. Kaschmir mit Nadelstreifen
11. Perlmuttknopf
12. Kaschmir mit Fadenkaro
13. gewebter Papier-Bodenbelag

SAND-KOMBINATIONEN

Wer sich für eine Einrichtung mit dem Schwerpunkt auf Sandtönen entscheidet, sollte unbedingt auf abwechslungsreiche Texturen (siehe links) achten, damit das Gesamtbild nicht fad und langweilig wirkt. Ich setze hier auf die Kontraste zwischen groben Sisal-Läufern und glattem Sandstein, schimmerndem Perlmutt und matten Stoffen, lackiertem Holz und geflochtenem Bodenbelag, der sich großartig anfühlt. Auch durch Muster können Sandtöne belebt werden – eine Andeutung von Streifen, Karos oder Webmustern reicht aus, um der Einrichtung eine zusätzliche Ebene zu geben. Bei der Auswahl von Stoffen sollte man auf Qualitäten unterschiedlicher Schwere und Webart achten und auch dadurch das Gesamtbild auflockern. Im Gegensatz zu Taupe vertragen Sandtöne Akzente in lauten Farben nicht sonderlich gut. Günstiger ist es, Details in abgestimmten Farben, aber mit auffälliger Textur zu wählen, wie der hier abgebildete Perlmuttknopf illustriert.

Materialien, die – wie Sand – aus der Natur stammen, wirken als Zutaten für solche Einrichtungen besonders stimmig. Beispiele wären Leder, Horn, Bronze und Elfenbein. Als i-Tüpfelchen könnte man Kugelvasen aus Glas mit Sand und Korallen füllen oder schlichte, gerade Glasvasen mit orangefarbenen Tigerlilien aufstellen. Sand ist eine sehr vielseitige Farbe. Wer sie nicht für große Flächen verwenden möchte, sollte sie als Akzentfarbe in Betracht ziehen (siehe unten). Ein Raum in Cremetönen mit Details in Sand ist unkompliziert zu gestalten und sehr angenehm zu bewohnen. Hier definiert der helle Teppich Creme als Hauptfarbe des Raums, während sandfarbene Stoffe der Einrichtung Profil und Charakter geben. Wenn ein Raum in Sandfarben eher frisch und luftig wirken soll, empfehlen sich Stoffe und Wandfarben in frischen Cremetönen, die an chinesisches Porzellan erinnern. Wer jedoch eine wärmere, erdige Atmosphäre vorzieht, sollte sich einmal unter den Rosttönen umsehen.

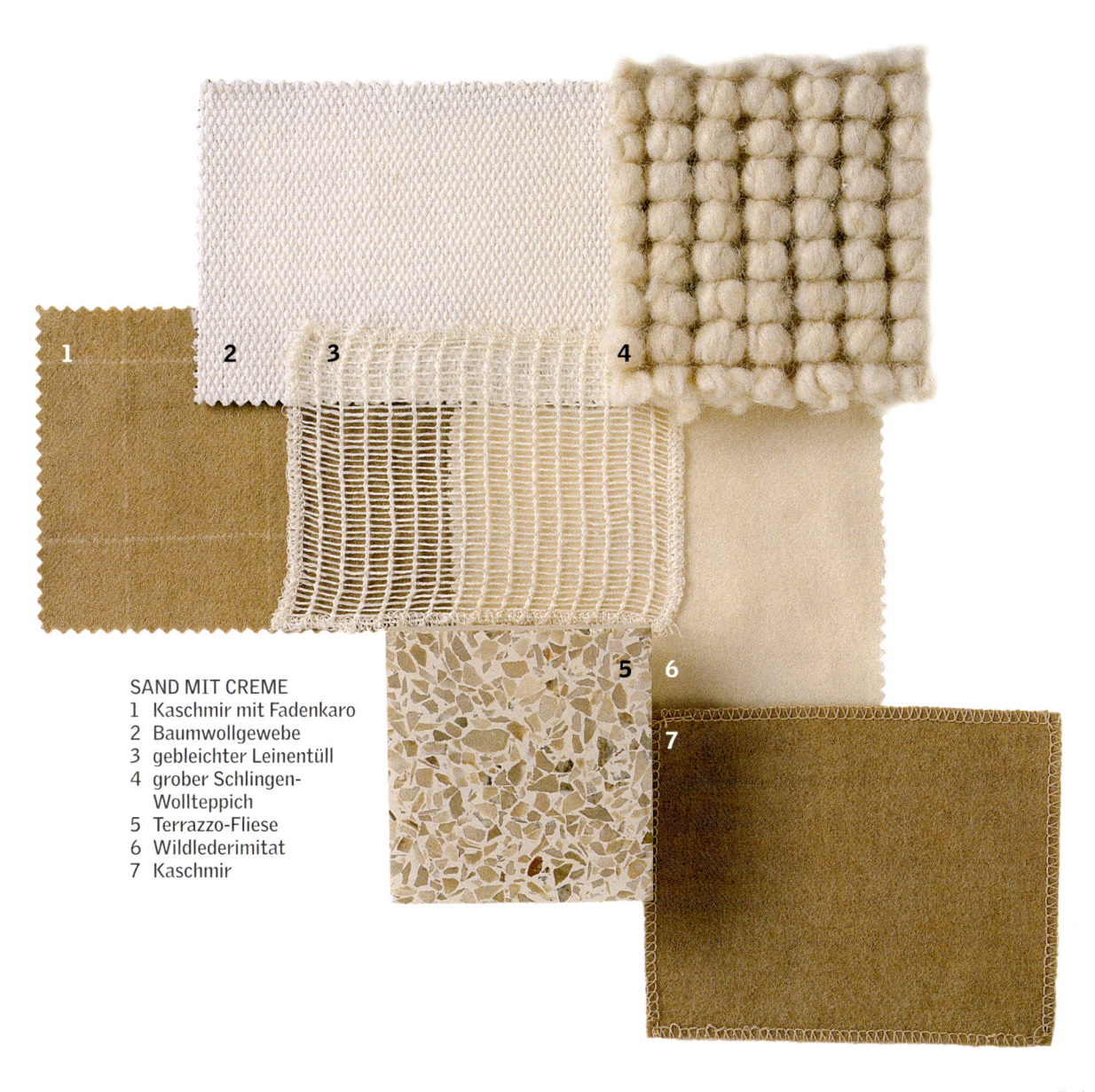

SAND MIT CREME
1. Kaschmir mit Fadenkaro
2. Baumwollgewebe
3. gebleichter Leinentüll
4. grober Schlingen-Wollteppich
5. Terrazzo-Fliese
6. Wildlederimitat
7. Kaschmir

Farbe und Textur

Rohweiß und Creme

Creme ist eine ungemein ruhige Farbe, wirkt aber zugleich frisch, weich und besänftigend. Betritt man einen Raum ganz in Cremetönen, kann man fast spüren, wie der Puls sich verlangsamt und der Blutdruck sinkt. Nichts springt ins Auge oder regt den Geist auf.

Ich habe hier zusätzlich Rohweiß verwendet, weil es eine Brücke zwischen den Cremetönen und reinem Weiß schlägt. Rohweiß gehört zwar zur gleichen Familie wie Creme, ist aber noch dezenter. Auch Rohweiß gibt es in verschiedenen Nuancen, die sich zum Kombinieren mit Creme sehr gut eignen – einerseits harmonieren sie mit Creme, andererseits bilden sie genug Kontrast, um zu verhindern, dass die Farbgestaltung eintönig wirkt.

Weil Creme so sanft und friedlich wirkt, muss man die Kombinationsfarben mit Vorsicht wählen. Marineblau, Grau und Schwarz eignen sich gut – allerdings in kleinen Dosen. Rot, Violett und Orange lassen sich schwieriger integrieren. Wer diese intensiven Farben mag, sollte vorsichtshalber zuerst mit kleinen Akzenten experimentieren. Eine natürliche Verwandtschaft verbindet Creme mit Sand- und Brauntönen, mit Taupe dagegen ist es schwieriger zu kombinieren. Wer in einer Einrichtung in Cremetönen Naturleinen verwenden möchte, sollte sich nach Stoffen mit einem grünlichen Unterton umsehen.

Texturen sind in neutralen Farbschemata immer wichtig, ganz besonders aber in Räumen in Creme. Wird über alles die weiche, cremefarbene Decke gelegt, muss durch kontrastreiche Texturen für Leben gesorgt werden. Man sollte auch bedenken, dass Cremetöne stark durch das Tageslicht beeinflusst werden.

Creme eignet sich gut für helle Räume, man sollte jedoch verschiedene Töne verwenden – wie hier auf den gestreiften Kissen –, damit das Gesamtbild nicht fad und leblos wirkt. Die Bilder in weißen Passepartouts und hellen Rahmen betonen die frische, luftige Atmosphäre.

CREME MAG

- Rohweiß als natürlichsten Kombipartner
- harmonische Kombinationen mit Sand- und Brauntönen
- viel Tageslicht
- abwechslungsreiche Texturen, vor allem in Ton in Ton gestalteten Räumen
- Naturleinen mit grünlichem Unterton
- Hölzer in kräftigen Farben, etwa Eiche und Wengé
- Akzente in Marineblau und Schokoladenbraun

CREME VERABSCHEUT

- als gestalterisches Patentrezept missverstanden zu werden
- einen zu hohen Anteil süßlich-gelblicher Nuancen
- silbrige Metalle wie Aluminium und Edelstahl
- dunkle Räume mit ausschließlich Kunstlicht
- zu viele intensive Rot-, Orange- oder Violetttöne
- zu viele dunkle Akzente in einem vorwiegend in Creme gehaltenen Raum

OBEN In diesem edlen Esszimmer bildet der Terrazzofußboden mit Tupfen in Sand und Grau die Basis des Farbschemas. Die dunklen Holzbeine der Stühle unterbrechen die großen, hellen Flächen auf sehr effektvolle Weise.

RECHTE SEITE:
GANZ RECHTS OBEN Das Arrangement auf diesen frei tragenden Regalen ist eine geschickte Lösung, um eine Einrichtung in Cremetönen aufzulockern. Chrom, klares Glas, Keramik, Bücher und ein Bild geben eine abwechslungsreiche, aber keineswegs unruhige Dekoration ab.

GANZ RECHTS UNTEN In diesem Schlafzimmer in verschiedenen Cremetönen wurde für die Bespannung des Betthauptes und das Paneel über dem Kamin ein relativ dunkler Ton gewählt, um dem Raum Profil zu geben. Die venezianischen Spiegel wirken fast unsichtbar – eine geschickte Wahl.

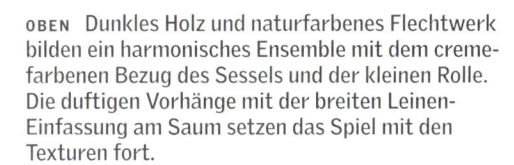

OBEN Dunkles Holz und naturfarbenes Flechtwerk bilden ein harmonisches Ensemble mit dem cremefarbenen Bezug des Sessels und der kleinen Rolle. Die duftigen Vorhänge mit der breiten Leinen-Einfassung am Saum setzen das Spiel mit den Texturen fort.

GANZ OBEN Selbst bescheidene Kissen können in einem Farbschema ganz in Creme zu dekorativen Accessoires werden. Hier kontrastiert flauschiger Wollstoff nicht nur mit dem glatten Leinen des hinteren Kissens, sondern auch mit den schimmernden Hornknöpfen.

Reines Weiß

Weiß ist eine herrliche Einrichtungsfarbe. Es wirkt frisch, sauber, sommerlich, spirituell und ungemein belebend. Ich wundere mich immer wieder über Menschen, die Weiß nicht als »richtige« Farbe betrachten, denn für mich ist es eine Farbe voll Leben und Energie. Weiß besitzt mehr Dramatik als Creme, darum ordne ich Rohweiß auch nicht dem reinen Weiß, sondern den Cremetönen zu.

Schneeweiß ist ungeniert glamourös und verlangt viel Pflege, darum ist es zum Symbol des Luxus geworden. Interessant ist, dass immer mehr Menschen sich einen »weißen Bereich« einrichten, etwa das Schlafzimmer oder einen zweiten, privaten Wohnraum. Ganz in Weiß gestaltete Räume sind meine persönlichen Favoriten, und man hat die Wahl zwischen Hunderten von verschiedenen Tönen. Ähnlich wie bei Räumen in Cremetönen sind jedoch abwechslungsreiche Texturen ein absolutes Muss. Man kann sogar das einfallende Tageslicht nutzen, um das Spiel mit den Texturen zu bereichern. Die Schatten von Lamellenjalousien beispielsweise sehen auf einem weißen Teppich hinreißend aus. Ich assoziiere Weiß auch mit weichen, fließenden, nahezu transparenten Stoffen, beispielsweise duftige Wolken aus Fallschirmseide. Es ist aber auch eine schöne Farbe für weichen Samt oder mattes Leder.

Weiß ist eine sehr vielseitige Farbe. Taupe und Sand vertragen sich nicht miteinander, Weiß dagegen harmoniert mit beiden. Auch kräftige Akzentfarben wie Rot, Violett oder Marineblau passen gut zu Weiß. Nur mit Schwarz muss man vorsichtig sein, weil Schwarz-Weiß-Kontraste leicht sehr hart aussehen können. Eine Ausnahme bilden schwarze Bilderrahmen wegen ihrer interessanten grafischen Wirkung auf einer weißen Wand. In Bezug auf Accessoires ist fast alles möglich, besonders effektvoll sehen aber weißer Lack, klares Glas oder frische Blumen in leuchtenden Farben aus.

Durch die Akzentfarben kann man die Atmosphäre eines ganz in Weiß gestalteten Raums schnell verändern. Die Bilderserie bildet einen ständigen Farbtupfer, während Kissen und Blumen entsprechend der Jahreszeit ausgetauscht werden.

WEISS MAG

- Taupe, mit dem es schön kontrastiert
- Sand, den es auffrischt
- Neutraltöne wie Grau, die es belebt
- Akzente in Rot oder Orange
- hellen Stein wie Thassos-Marmor oder weiße Keramikfliesen
- gebleichtes oder gestrichenes Holz
- duftige Stoffe
- transparente Accessoires, z. B. aus Klarglas oder Plexiglas

WEISS VERABSCHEUT

- zu viel gelbliches Creme
- zu viele verschiedene, bunt gemischte Farben
- zu viel Schwarz
- ungenügendes Tageslicht
- Kinder und Haustiere
- verschmutzte Stadtluft – es ist eine Farbe für das Ferienhaus

OBEN Der schwarze Hintergrund der Bilder dieser interessanten Serie fällt in einem Raum ganz in Weiß besonders ins Auge. Zu viel Schwarz oder viele bunte Farben können in einem solchen Kontext aber hart oder grell wirken. Ein kleiner, ausdrucksvoller Farbakzent reicht oft aus.

OBEN LINKS Dass Schneeweiß auch zu neutralem Rohweiß passt, zeigen die Wanne und das Waschbecken aus Sandstein vor den weiß gefliesten Wänden. Ein kleines, frei tragendes Naturholz-Regal mit Accessoires aus Chrom unterbricht die große, weiße Fläche.

LINKS Lamellenjalousien in reinem Weiß haben eine grafische Ausstrahlung, die hier durch die Stehlampe noch unterstrichen wird. Wenn Sonnenlicht durch die Lamellen fällt, entsteht ein reizvolles Muster, das die weiße Einrichtung weicher wirken lässt.

LINKS In einem Raum ganz in Weiß haben schon kleine farbige Akzente beeindruckende Wirkung. Hier wurde das Kopfende des Betts mit mattem Samt in intensivem Rot bespannt. Zwei Kissenbezüge und die Orchideen in den Glasvasen sind exakt auf diesen Farbton abgestimmt.

OBEN Der Einfall des Tageslichts hat beträchtliche Wirkung auf alle Farben, Weiß eingeschlossen. Am Tag lässt das Sonnenlicht den Fußboden aus weißem Thassos-Marmor schimmern, am Abend jedoch verändert sich die Stimmung total und er wirkt kühler und sanfter.

Der Glasrahmen dieses an die Wand gelehnten Spiegels wirkt fast unsichtbar und ergänzt dadurch die weichen, ungefütterten Vorhänge sehr gut. Rohweiße Wände sind ein optimaler Hintergrund für sanfte Naturtöne wie Hafer, Sand und Grau. Das Betthaupt aus Wengé sorgt dafür, dass der Raum nicht farblos wirkt.

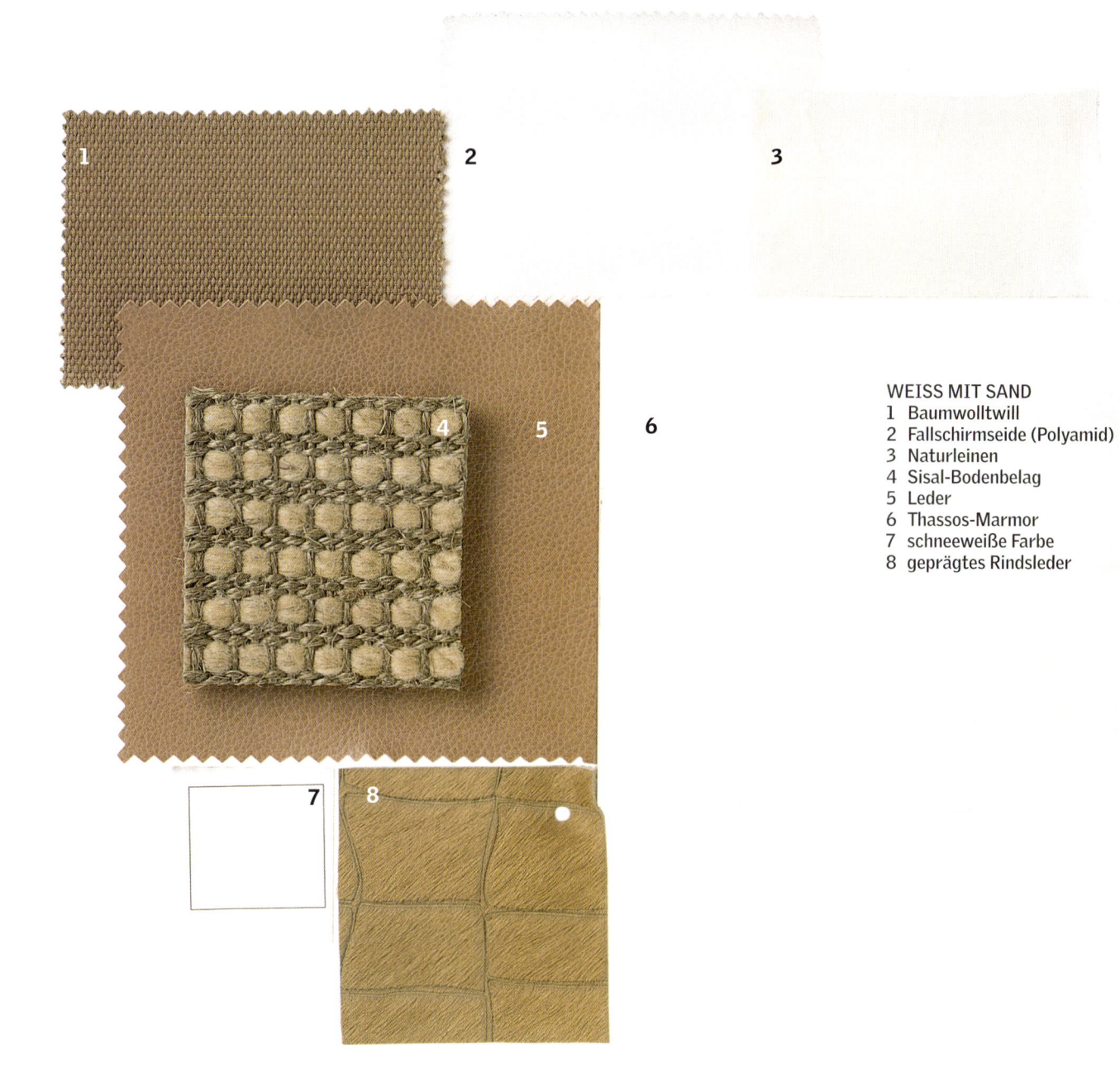

WEISS MIT SAND
1. Baumwolltwill
2. Fallschirmseide (Polyamid)
3. Naturleinen
4. Sisal-Bodenbelag
5. Leder
6. Thassos-Marmor
7. schneeweiße Farbe
8. geprägtes Rindsleder

Gestalten mit Weiß

WEISS IST EINE TRAUMHAFTE WOHNFARBE, SOFERN MAN NICHT VERGISST, AUF TEXTUR-KONTRASTE ZU ACHTEN. ALS AKZENTFARBEN ZU REINEM WEISS BIETEN SICH VOR ALLEM MARINEBLAU, HOLZKOHLEGRAU, LEUCHTENDES ROT UND BRÄUNLICHES ORANGE AN.

WEISS verträgt sich sowohl mit Taupe- als auch mit Sandtönen. In einer Einrichtung ganz in Weiß ist Sand eine ausgezeichnete Akzentfarbe, weil es dem Gesamtbild mehr Tiefe und Kontur gibt und einen natürlichen Aspekt ins Spiel bringt. Dadurch beeinflusst es auch die Atmosphäre. Ein völlig weiß gestalteter Raum wirkt dekadent und glamourös – durch eine Prise Sand wird er natürlicher und entspannter. Das ist vergleichbar mit dem Unterschied zwischen einem schneeweißen Hosenanzug und einem blütenweißen Hemd zu einer Moleskin-Hose. Die Basis dieser Raumgestaltung (siehe oben) ist weiß: weißer Marmor, weiße Wände und weiße Gardinen an den Fenstern. Polstermöbel aus sandfarbenem Leinen und Leder verhindern, dass die Atmosphäre klinisch wirkt. Horn, Bronze und Details aus weißem Lack eignen sich für den Raum bereichernde Accessoires.

LICHT UND BELEUCHTUNG

Wohnlicht

EINE OPTIMALE BELEUCHTUNG REFLEKTIERT DIE EIGENE STIMMUNG UND BERÜCKSICHTIGT, DASS DIESE STIMMUNG SICH IM LAUF DES TAGES ALLMÄHLICH VERÄNDERN KANN.

Licht ist ein faszinierender Aspekt der Raumgestaltung, zumal sich die Wahrnehmung und Wertschätzung der Beleuchtung in den letzten zehn Jahren enorm verändert hat. Heute sind die Menschen bereit, für gutes Lichtdesign Geld auszugeben, selbst wenn sie dies an anderer Stelle einsparen müssen.

Man kann inzwischen Lichtsysteme mit voreingestellten »Stimmungen« für den Morgen, den Mittag, den Spätnachmittag und den Abend kaufen.

Das mag sehr technisch klingen, doch es ist auch unglaublich beruhigend, wenn man die Raumatmosphäre im Nu verändern kann, indem man einige Tasten auf einem Zahlenfeld drückt. Tatsache ist nämlich, dass eine perfekte Beleuchtung manch andere Einrichtungselemente überflüssig macht. Der Großteil einer Raumgestaltung ist letztlich Zuckerguss, aber die Beleuchtung ist eine Zutat des Kuchens. Trotzdem muss die Beleuchtungsinstallation gar nicht kompliziert sein – viele Menschen übertreiben es und stürzen sich in unnötige Ausgaben. Ein guter Beleuchtungsberater wird einige Fragen über die Alltagsgewohnheiten der Bewohner stellen. Sie sollten sich aber vor Beratern hüten, die allzu viel über die wunderbaren Effekte ihrer Produkte reden – schließlich wollen Sie Ihre Wohnung ja nicht in einen Nachtclub verwandeln. Die Beleuchtung soll lediglich Ihre Lebensgewohnheiten unterstützen, und zwar auf bequeme, unkomplizierte Weise.

GOLDENE REGELN: BELEUCHTUNG

1 Durch Licht lässt sich die Aufmerksamkeit eines Betrachters gezielt auf bestimmte Bereiche eines Raums lenken. Die in die Regale eingebaute Faseroptik-Beleuchtung gibt ein gutes Stimmungslicht, das über die Wände flutet und sehr weich aussieht, wenn am Abend das Raumlicht gedämpft wird.

2 Eine Reihe interessant geformter Metalllampen über dem Kamin malt reizvolle Schattenmuster auf die Wand. Solche Lampen kann man mit Kunstobjekten vergleichen, weil sie eher dekorativen als praktischen Zwecken dienen.

3 Im Wohnraum lässt es sich gut lesen, aber nur, wenn ein gut gerichtetes Licht vorhanden ist und man seine Augen nicht überanstrengt. Diese geschwungene Stehlampe sieht sehr attraktiv aus, steht aber so, dass sie bei Bedarf klares Leselicht gibt.

4 Die ungewöhnliche Lampe auf dem Beistelltisch ist nicht sonderlich hell, doch wie die Lampen über dem Kamin dient sie eher der Dekoration. Wenn abends das Licht gedämpft wird, trägt ihr Licht zur ruhigen, entspannenden Atmosphäre bei.

5 Tageslicht braucht man in jedem Raum, doch auch die Privatsphäre ist wichtig. Das grobe Gitter dieser Vorhänge lässt keine unerwünschten Blicke durch, wohl aber reichlich Tageslicht. Außerdem wirft das Gittermuster interessante Schatten auf Wände und Fußboden.

In einem Raum mit guter Beleuchtung braucht man nicht viel Geld für Dekorationen auszugeben. Wenn über die schlichten Wände das Licht flutet, sehen sie sehr interessant aus und bilden einen guten Hintergrund für die schlichten Glasgefäße und die Pokal-Sammlung.

Licht und Beleuchtung

GESTALTEN MIT LICHT

Um den Beleuchtungsbedarf zu planen, zeichnet man am besten – mit Unterstützung eines Architekten – durch Linien in einem Grundriss ein, wie das Tageslicht in die Räume fällt. Dann wird in einer zweiten Farbe markiert, wo Licht fehlt. Ausgewogenheit ist dabei das Schlüsselwort. Wenn eine Seite des Raums gut und die andere nur schwach ausgeleuchtet wird, ist das Endergebnis nicht sehr befriedigend.

Glauben Sie nicht, dass ein simpler Strahler grundsätzlich rein funktional ist. Wird er auf ein Bild gerichtet, kann er diesem enorm viel Tiefe geben. Ich habe schon Schwarz-Weiß-Fotos von Blumen gesehen, die so gut ausgeleuchtet waren, dass man meinte, die Blüten würden sich vor den Augen entfalten. Setzt man Licht ein, um Bilder oder andere Kunstobjekte anzustrahlen, macht man diese zum Blickfang und lenkt gleichzeitig die Aufmerksamkeit eines Betrachters von anderen, vielleicht weniger vorteilhaften Elementen des Raums ab.

OBEN Der Blick durch einen Flur im ersten Stock zum Lichthof über der Diele fällt durch die hüfthohe gläserne Brüstung auf die imposante Lampe, die wie eine umgekehrte Hochzeitstorte aussieht, und die dahinter liegenden Fenster.

GANZ OBEN Zu viel Licht kann man nicht haben. Durch dieses große Oberlicht flutet Tageslicht in das Esszimmer, das schon durch die Fenster sehr hell ist. Das Oberlicht ist in Wahrheit der gläserne Fußboden der darüber liegenden Veranda.

LINKS Durch bauliche Maßnahmen, etwa Wanddurchbrüche, kann man Licht aus anderen Räumen »ausleihen«. In diesem Fall dringt durch ein Innenfenster Licht aus Flur und Treppenhaus in eine recht dunkle Küche im Erdgeschoss.

RECHTS Weil dieser Flur kaum Tageslicht bekommt, wurde außer den Deckenlampen eine raffinierte Wandbeleuchtung installiert. Die von hinten beleuchteten Bilder schweben wie strahlende Vierecke an der Wand, wenn das restliche Licht ausgeschaltet ist.

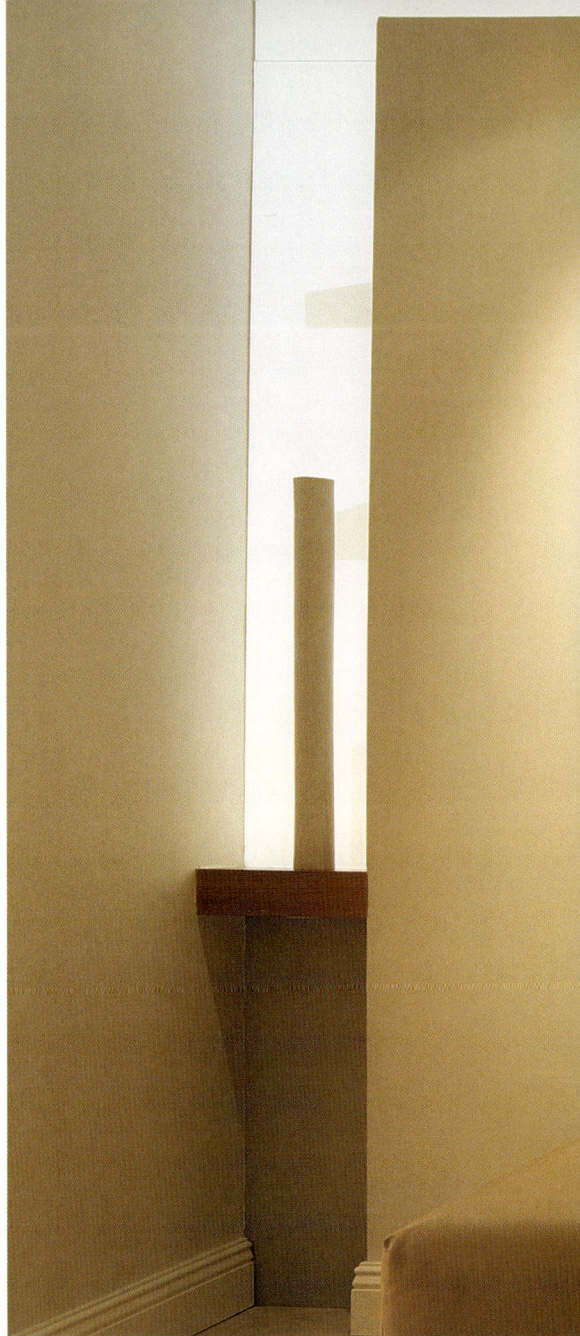

Kunstlicht lässt sich in drei Hauptkategorien einteilen: Funktionslicht, Stimmungslicht und dekoratives Licht. Für die Planung der Beleuchtung gelten in jedem Raum die gleichen Regeln. Zuerst wird festgestellt, welche Aktivitäten dort stattfinden. Dann wird überlegt, welche Beleuchtung diese Aktivitäten erfordern. Anschließend gilt es, die vorhandene Beleuchtung zu beurteilen und Verbesserungen zu entwickeln. Wer genug technischen Sachverstand besitzt, kann die Beleuchtung durchaus selbst planen, zumal heute im Handel eine Fülle raffinierter Lampen und Lichtsysteme zu haben ist. Wer es sich aber leisten kann, sollte einen Beleuchtungsberater konsultieren. So ein Fachmann kann dabei helfen, die Anforderungen besser einzuschätzen und vor allem wunderbar einfallsreiche Lösungsmöglichkeiten zu entwickeln. Eine gekonnte Beleuchtungslösung hat Qualitäten wie eine Skulptur. Sie erzeugt nicht nur Lichtstrahlen, sondern malt Silhouetten und Schatten, überflutet hier eine Wand, zeichnet dort eine scharfe Kontur, spielt mit dem Kontrast aus warmem und kühlem Licht. Man kann Tageslicht aus benachbarten Räumen »ausleihen«, indem man eine Wand durchbricht oder ein Oberlicht einbaut. Man kann Licht durch satiniertes Glas oder dünne Gaze streuen, mit Spiegeln reflektieren oder mit Prismen bündeln und brechen. Darin liegt der besondere Reiz des Lichts: Es kann nicht nur Räume verändern, sondern wird in seinem eigenen Wesen durch verschiedene Materialien verändert. Vergessen Sie Bilder. Vergessen Sie üppige Stoffe. Vergessen Sie Designermöbel. Wenn Sie Ihre Wohnung grundlegend verändern wollen, beschäftigen Sie sich mit dem Licht.

LINKE SEITE:

OBEN LINKS Die Schränke in diesem Schlafzimmer wurden mit etwas Abstand zur Wand eingebaut und mit einer maßgeschneiderten, verdeckten Beleuchtung ausgestattet. Im Dunkeln wirkt es, als habe die Holzwand einen Strahlenkranz. Die Nachttischlampen knüpfen an diese Idee an und malen Lichtinseln auf das Holz.

UNTEN LINKS In diesem Raum über zwei Stockwerke werden architektonische Details durch geschickte Beleuchtung in Szene gesetzt. Weil das Licht den Blick am Einbauschrank entlang in die Höhe lenkt, nimmt man die Raumhöhe besonders deutlich wahr.

OBEN Diese Wand scheint vor der dahinter liegenden, angestrahlten Wand zu schweben, was dem Raum am Abend besonderen Zauber gibt. Die Fotos werden von unten angestrahlt. Das Licht flutet über die Motive und erzeugt interessante Licht- und Schatteneffekte.

RECHTS Bei diesem modernen Kunstwerk, das aus einer Leinwand mit Einschnitten und Rissen besteht, sind die Schatten ein Bestandteil des Ganzen. Um die dreidimensionale Wirkung des Werks zu betonen, wurde am Boden eine spezielle Beleuchtung installiert.

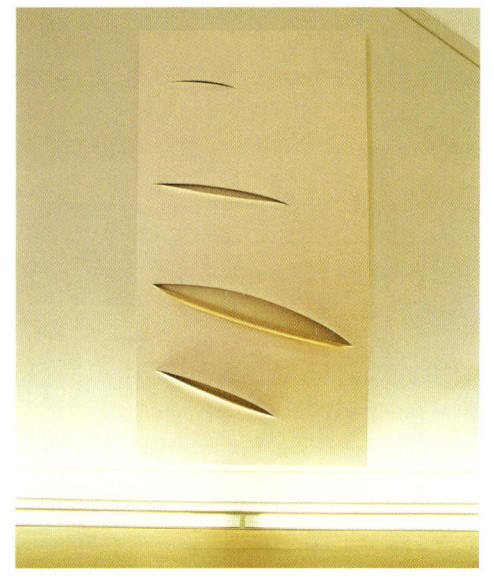

Licht und Beleuchtung | 107

DEKORATIVE BELEUCHTUNG

DEKORATIVE BELEUCHTUNG

Neben der Beleuchtungstechnik hat sich auch das Lampendesign in den letzten Jahren stark gewandelt, weil Möbel- und Produktdesigner begonnen haben, Lampen wie moderne Raumskulpturen zu behandeln. Eine Lampe kann zum Blickfang eines Raums werden und ihm einen Hauch von Glamour oder Dekadenz verleihen.

Damit solche Prachtstücke wirklich zur Geltung kommen, muss die Basis aus Funktions- und Stimmungslicht bereits etabliert sein. Was ins Auge fällt, braucht nicht zwangsläufig funktional zu sein, statt dessen sollte man solche Designerlampen wie Kunstobjekte in den Raum integrieren. Deckenlampen beispielsweise waren aus der Mode gekommen, weil ihr Licht Räume fade und trist wirken lässt. Heute werden sie neu entdeckt, allerdings vorwiegend als dekorativer Zusatz zu einem Beleuchtungsschema, weil ihr Licht eher ästhetischen als praktischen Wert hat.

Dekorative Beleuchtungskörper lassen sich in zwei Gruppen einteilen: die Typen, die wundervolle Lichteffekte erzeugen, und die Lampen, die für sich betrachtet attraktiv sind. Unter den beeindruckenden Deckenlampen ist der Kronleuchter die Nummer eins. Glas und Kristall sind ungemein verführerische Materialien, mit deren Wirkung auf das Licht auch moderne Designer gern spielen. Funkelnde antike Kronleuchter sehen in asketisch-modernen Räumen faszinierend aus, doch es gibt auch eine große Zahl moderner Interpretationen, die sich als Blickfang

OBERE REIHE:

LINKS Kronleuchter sind bei Menschen, die Lampen lieben, seit jeher der Favorit, weil das Licht sich so schön in den Prismen bricht. Auch moderne Interpretationen haben die für Kronleuchter typische Romantik nicht verloren.

MITTE Wandlampen können eine geschickte Ergänzung eines Beleuchtungsschemas sein, sofern ihre Höhe gut auf die Proportionen des Raums abgestimmt ist. Dieses bronzefarbene Modell mit Pergamentschirmen ist elegant und unaufdringlich.

RECHTS Diese ungewöhnliche Wandlampe aus dünnen, überlappenden Porzellanplättchen wirft nur ein recht zartes Licht, das ebenso reizvoll wirkt wie die Lampe selbst.

UNTERE REIHE:

LINKS Die Stehlampe mit einem Bronzegestell und Pergamentschirmen hat eine organische Form, die einen Kontrast zu den symmetrisch aufgehängten Fotos bildet. Auch die Lichteffekte auf den Fotos erzeugen eine interessante Komposition an der Wand.

MITTE Dies ist eine moderne Interpretation der klassischen Stehlampe. Die Glasprismen des Schirms funkeln im Licht, unterbrechen aber den Blick auf die Fensterdekoration im Hintergrund nicht.

RECHTS Diese schlanke Deckenlampe mit Textilschirm ist eine gelungene Wahl für den schmalen Flur mit Türen auf beiden Seiten. Sie beweist, dass Lampen funktional sein können und gleichzeitig durch ihre skulpturhafte Form einem relativ schlichten Raum einen Blickfang geben.

OBEN Die flache Wandlampe aus Metall sieht so modern aus, dass sie ein Bild ersetzen könnte. Am besten kommt ihre ästhetische Wirkung zur Geltung, wenn alle anderen Lampen im Raum ausgeschaltet sind.

OBEN MITTE Bunte leuchtende Lampen sind eine witzige Idee für ein Kinderzimmer und sorgen zugleich nachts für Sicherheit. Mit ihrer Pilzform und den klaren Farben passen sie gut zu den Gartenzwergen, die gleich daneben sitzen.

LINKS Ungewöhnliche, elegante Lampen aus schlanken Glaszylindern hängen asymmetrisch in einem ansonsten symmetrisch eingerichteten Raum. Allein durch ihre Platzierung ziehen sie den Blick auf sich.

GANZ LINKS Die Kombination aus Stehlampe und Maske wirkt in diesem Wohnraum wie eine moderne Installation. Sie zeigt, dass die Wirkung von Objekten nicht unbedingt auf der Platzierung, sondern oft nur auf der richtigen Beleuchtung beruht.

RECHTS Wenn die Stehlampe in diesem eleganten Wohnraum eingeschaltet ist, wirft der metallene Lampenschirm dramatische Schatten auf die Wand. Ist sie ausgeschaltet, tanzen die figürlichen Muster wie blasse Geister über die Wand.

für zeitgemäße, urbane Wohnungen gut eignen. Nicht nur durch das Material werden sie so interessant, sondern auch durch ihre abgestufte Form. Sie eignen sich sehr gut für Flure, weil sie die Linienführung einer Treppe wiederholen. Durch eine Umhüllung aus Gaze oder hauchdünnes Leinen wird ihre sinnliche Form noch betont.

Auch Wandlampen haben ihr spießiges Image verloren und werden wieder geschätzt. Mit ihnen kann man allerdings am meisten falsch machen, denn es kommt auf die richtige Platzierung an, die waagerecht wie senkrecht auf die Raumproportionen abgestimmt sein muss. Außerdem müssen sie ausgewogen im Raum verteilt sein, damit sie nicht verloren wirken.

Die Entwicklung der Faseroptik-Lampen wird vermutlich den Bereich der dekorativen Beleuchtung in den nächsten Jahren revolutionieren. Das Licht wird durch Glasfasern geleitet, ohne dass dabei Hitze entsteht oder UV-Strahlen abgegeben werden. Dadurch lässt sich diese Beleuchtung bedenkenlos mit Stoffen und anderen empfindlichen Materialien kombinieren. Die Technik erleichtert auch die Beleuchtung von schwer zugänglichen Bereichen. Ich setze Faseroptik-Lampen gelegentlich hinter Spritzschutz-Schilden aus Glas ein oder lege sie zwischen Glas und Leinen in Schranktüren ein. Der Umgang mit dekorativem Licht macht Spaß, es ist, als würde man Schmuck zu einem klassischen Outfit aussuchen. Man braucht nur wenige Stücke, doch die, so wünscht man sich, sollen wahrgenommen werden.

Wohndetails

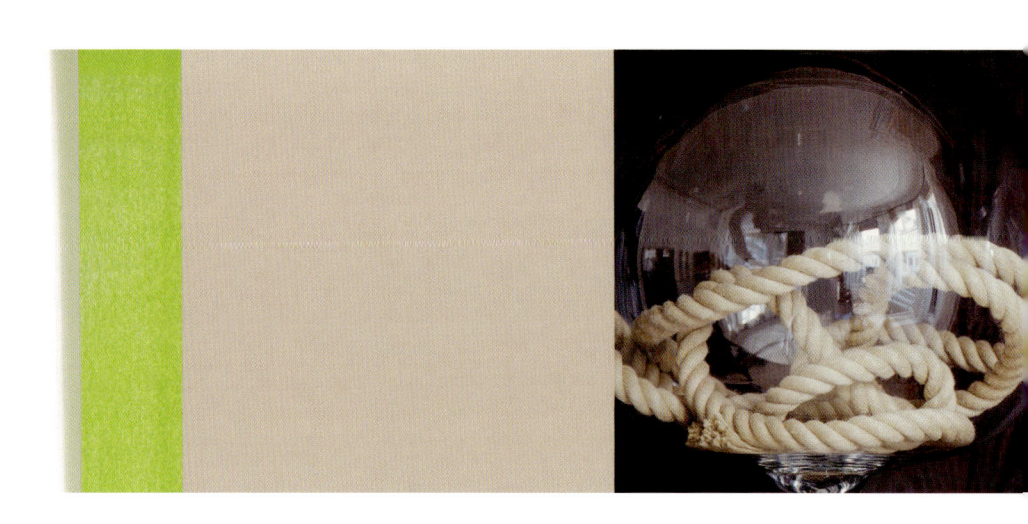

EINBAUTEN POLSTERMÖBEL ROLLOS

VORHÄNGE KISSEN DECKEN LÄUFER

AUF DIESEN TEIL – DEN VERGNÜGLICHEN – HABEN SIE WAHRSCHEINLICH SCHON GEWARTET. NACHDEM BAULICHE PROBLEME GELÖST UND DIE FUNKTIONEN DER RÄUME FESTGELEGT SIND, ASPEKTE DER ATMOSPHÄRE UND AUSGEWOGENHEIT DISKUTIERT UND EINE GEEIGNETE BELEUCHTUNG INSTALLIERT, IST ES AN DER ZEIT, EINBAUSCHRÄNKE IN AUFTRAG ZU GEBEN, POLSTERMÖBEL UND TEXTILIEN AUSZUSUCHEN UND ALL DIE ANDEREN DEKORATIVEN DINGE, DIE EINEM HAUS ERST DIE PERSÖNLICHKEIT SEINER BEWOHNER AUFPRÄGEN. SEIEN SIE ABER DARAUF GEFASST, DASS DAS GROSSE ANGEBOT AN STILEN RECHT VERWIRREND SEIN KANN. IN DIESER PHASE IST MAN EMPFINDLICH UND FRAGT SICH BEI JEDER ENTSCHEIDUNG, DIE MAN FÄLLT, OB SIE WIRKLICH RICHTIG IST. EIN BESUCH IN DER WOHNUNG VON FREUNDEN ODER IN EINEM NEUEN GESCHÄFT KANN SOGAR GRUNDSÄTZLICHE ZWEIFEL DARAN AUFWERFEN, OB MAN SICH AUF DEM RECHTEN WEG BEFINDET. AUS DIESEM

GRUND IST ES UNGEMEIN WICHTIG, ZUERST MUSTER DER GEPLANTEN STOFFE, BODENBELÄGE UND FARBEN AUF EINER PINNWAND ZUSAMMENZUSTELLEN, WIE SCHON IM KAPITEL ÜBER FARBE UND TEXTUR (SIEHE SEITE 72–99) ERLÄUTERT. DURCH SOLCHE MUSTERSAMMLUNGEN WIRD DIE VISION DES GESAMTBILDS WESENTLICH KONKRETER UND GREIFBARER. MAN SOLLTE AUCH BEDENKEN, DASS DIE TRAGWEITE DEKORATIVER ENTSCHEIDUNGEN UNTERSCHIEDLICH IST. VERÄNDERUNGEN VON EINBAUTEN SIND AUFWÄNDIG UND TEUER, EIN SATZ NEUER KISSENBEZÜGE DAGEGEN SPRENGT DAS BUDGET NICHT. SOLLEN VORHANDENE MÖBEL INTEGRIERT WERDEN, MÜSSEN STOFF- ODER FARBMUSTER DIE BASIS DER MATERIALSAMMLUNG BILDEN. ICH BEGINNE BEI DER PLANUNG GERN MIT DEN STOFFEN, WEIL MAN FARBEN UND BODENBELÄGE RELATIV LEICHT AUF DIESE ABSTIMMEN KANN. VERSUCHEN SIE SICH BEIM ZUSAMMENSTELLEN DER MUSTER VORZUSTELLEN, WIE DER RAUM ALLMÄHLICH GESTALT ANNIMMT.

SCHRÄNKE UND TÜREN

SCHRÄNKE

vor allem eingebaute, zählen zu den teuersten Einrichtungselementen. Nicht nur Hölzer und andere Materialien haben ihren Preis, bei hochwertigen Einbauten kommen auch durch den Arbeitslohn erhebliche Kosten zustande. Zweifellos kann man heute sehr attraktive, fertige Stauraum-Lösungen kaufen, doch sind sie kein Vergleich zur Couture-Ausstrahlung von Einbauten, die genau nach Kundenwünschen gefertigt wurden. Der besondere Vorteil maßgetischlerter Schränke ist aber, dass sie Platz für genau das bieten, was Sie darin unterbringen wollen, und Ihnen so ermöglichen, in einer übersichtlichen, aufgeräumten Wohnung zu leben.

Bei der Auswahl von Einzelmöbeln, Stoffen oder Wandfarben kann man millionenfach seine Meinung ändern, doch sobald das Holz für Einbauten ausgesucht ist, hat man den Grundton eines Raums festgelegt. Das ist manchmal problematisch, wenn Menschen in ein Haus einziehen, in dem gut gearbeitete Einbauten vorhanden sind, der Farbton des Holzes den neuen Bewohnern aber nicht gefällt. Oft wird versucht, dies durch andere Farben oder Texturen auszugleichen, doch glauben Sie mir, das funktioniert nicht. Man kann das Holz dunkel beizen, etwa im Ton von Wengé, was sich allerdings viele Menschen bei »guten« Harthölzern wie Eiche oder Mahagoni scheuen. Die Alternative besteht darin, Bedenken von »Verschwendung« zu überwinden, die Einbauten herauszureißen und erneuern zu lassen – oder die Einrichtung auf die Gegebenheiten abzustimmen.

Denken Sie daran, dass Einbauten nicht nur Stauraum bieten, sondern auch Präsentationsmöglichkeiten. Neben klassischen Elementen wie Bücherschränken und frei tragenden Regalen kann man auch weniger gängige wie ein Aquarium oder einen Sockel für eine Skulptur integrieren. Und natürlich lässt sich darin eine unansehnliche Klimaanlage oder ein Sammelsurium an Unterhaltungselektronik gut verstecken.

LINKS Einbauschränke ziehen sich über eine ganze Wand dieses Wohnraums und bieten maßgeschneiderten Stauraum für Fernseher und Musikanlage. Die grauen Textilfronten der Lautsprecher sind in die Fläche integriert und wirken wie ein dekoratives Detail.

UNTEN In diesem Ankleidezimmer wurden die Schubladen nach Maß für verschiedene Kleidungsstücke gebaut. Die Griffe müssen nicht unbedingt identisch sein, wie diese gelungene Kombination aus schlichten, runden Knöpfen und einer langen Griffleiste beweist.

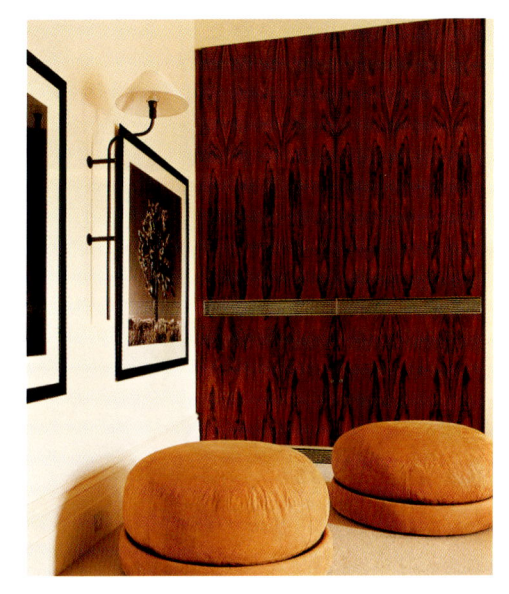

LINKS Unsichtbare Türen können dem Auge ein massives Element vorgaukeln, wo gar keins ist. Hier verbirgt sich ein unansehnliches Klimagerät hinter einer ausgesprochen attraktiven Einbauwand.

UNTEN Mit Einbauten vom Tischler lässt sich jeder Zentimeter nutzen. Dieses Element mit den flachen Schubladen füllt eine ungünstige Nische, während das Regal links im Bild exakt der Dachschräge angepasst ist.

Schränke und Türen

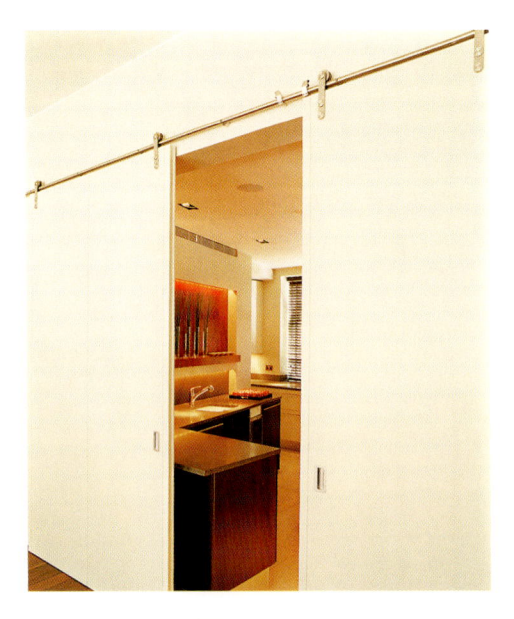

TÜREN sind die dominantesten Einbau-Elemente. Vor allem in Schlaf- und Ankleidezimmern können sie einen großen Anteil der Wandfläche einnehmen, ihre optische Wirkung ist in der Planungsphase aber nur schwer vorstellbar. Mir gefallen große Flächen in einer Farbe oder Textur, anderen Menschen jedoch nicht. Um die wuchtige Wirkung großer Türflächen aufzulockern, empfehlen sich Materialkombinationen, etwa Holz und Bambus, Wengé und Leder, Glas und dünnes Textilgewebe.

Wer neue Einbauten zum ersten Mal im Raum sieht, sollte nicht erschrecken. Im Grunde wird ein Raum in den Raum gebaut, es ist also nicht verwunderlich, wenn man das Gefühl hat, die Wände würden näher kommen. Nach einigen Tagen hat man sich aber an den Anblick gewöhnt und die Grenzen des Raums wirken nicht mehr so dominant.

Einbauten werden niemals isoliert vom Raum entworfen, sie sind vielmehr ein zentraler Aspekt der Gesamtgestaltung. Das heißt, dass die Türen mit anderen Elementen des Raums korrespondieren müssen, beispielsweise durch ihre Farbe, Textur oder Form. Das heißt auch, dass selbst die Griffe von Anfang an als Teil des Ganzen begriffen werden müssen und kein nachträglicher Zusatz sind, denn sie sind für die Gesamtwirkung ebenso wichtig wie die Holzart. Wer eine nahezu nahtlose Fläche ohne erkennbare Türen bevorzugt, sollte eine Bauart wählen, bei der gar keine Griffe erforderlich sind. Gut geeignet sind Schiebe- oder Drehtüren. Sollen die Einbauten andererseits als dekoratives Element im Raum dienen, können edle Griffe genau das richtige i-Tüpfelchen sein.

OBEN Große, deckenhohe Einbauschränke mit Schiebetüren in unkonventionellem Schwarz sind eine interessante Wahl für den Eingangsbereich eines Badezimmers. Die Nuten lockern die große Fläche subtil auf, die seidig glänzende Farbe reflektiert das Licht.

RECHTS Bestünde diese deckenhohe Tür aus Massivholz, könnte sie zu dominant wirken. Durch die individuell gefertigte Füllung aus Glas und Eisen wird sie transparent und wirkt wesentlich leichter und gefälliger.

LINKE SEITE:
OBEN LINKS Drehtüren können bei Bedarf Bereiche abgrenzen oder – wenn sie offen stehen – freien Durchblick gewähren. Die schlanken Griffstangen ähneln in der Form den schmalen Glaspaneelen in den umliegenden Wänden.

OBEN MITTE Nicht nur der Stil der Türen muss bedacht werden, sondern auch die Bewegung beim Öffnen und Schließen. Die Schiebetüren an einer Wand dieser modernen Wohnung erlauben benachbarte Räume nach Belieben zu trennen oder zu verbinden.

OBEN RECHTS Nach Kundenvorgaben gefertigte ovale Griffe sind die einzige Dekoration dieser deckenhohen Einbauschränke in einem Flur im asiatischen Stil. Auch die Tür mit den Milchglasscheiben knüpft an fernöstliche Vorbilder an.

LINKS Die kleinen, dezent versenkten Wandlampen zwischen den Türen fallen nur durch ihre ungewohnt niedrige Montagehöhe ins Auge. Sie werfen einen sanften Lichtschein auf den Fußboden und malen Reflexe auf dem großen, ovalen Türstopper aus Pockholz.

RECHTS Individuelle Griffe können auch ganz schlichten Einbauschränken Charakter geben. Diese Rechtecke aus Metall betonen die strenge Geometrie der deckenhohen, glatten Türen.

LINKS In einer Wand mit gepolsterten und mit matter Seide bezogenen Paneelen verbirgt sich eine Tür, die nur an dem Glasknauf zu erkennen ist. Der Stoff besticht durch seine edle Textur, das Paneelraster wirkt wie ein dezentes Muster. Interessant ist auch die ungewöhnlich breite Verkleidung im Durchgang.

RECHTE SEITE:
OBEN Die Türen in diesem Ankleidezimmer wirken durch die Füllungen mit cremefarbener Lederbespannung leicht und freundlich. Auch die Platte der niedrigen Kommode ist mit hellem Leder bezogen. Griffe wären an diesen Türen fehl am Platz, weil sie die klare Linienführung unterbrechen würden.

LINKS UNTEN In einem kleinen Raum können massive Türen sehr wuchtig wirken. Für Ankleidezimmer bieten sich darum Türen mit kontrastierenden Füllungen an. Hier entsteht durch die Holzrahmen, die Rattan-Füllungen und die Ledergriffe ein ansprechendes, lockeres Bild.

RECHTS UNTEN Der schmale, hohe Spiegel wird zum Blickfang dieses Schlafzimmers, weil er auf einem deckenhohen Paneel aus dunklem Holz montiert ist. Zwei Reihen kleiner Bilder auf beiden Seiten betonen durch den Größenkontrast die Proportionen.

SPEZIALANFERTIGUNGEN sind die

Haute Couture der Inneneinrichtung. Wie die Entwürfe der Modepäpste in abgewandelter Form rasch in den Kaufhäusern angeboten werden, sind auch edle Wohntrends heute nicht mehr nur den Reichen vorbehalten. Ein gutes Beispiel ist die aktuelle Mode, Türen zu polstern und zu beziehen, etwa mit Leder. Solche Türen muss man heute nicht mehr individuell in Auftrag geben – man kann sie im Wunschmaß in vielen Einrichtungsgeschäften bestellen. Allerdings wirken solche Elemente nur, wenn sie gut gearbeitet sind. Gedehntes oder welliges Leder verdirbt den Effekt. Wer einmal einen guten Polsterer gefunden hat, sollte ihm darum treu bleiben.

Zudem sollte man sich genau überlegen, was man will. Solche Ausstattungselemente sind nicht billig, darum wäre es schade, wenn man sie schon nach kurzer Zeit satt hätte. Und schließlich muss der Aspekt der Pflege bedacht werden. Ich rate meist zu Kunstleder, weil es sich leichter reinigen lässt. Bei häufig benutzten Türen mit einer Bespannung aus echtem Leder besteht Gefahr, dass es im Bereich der Griffe bald scheckig wird.

Trotz seiner hohen Pflegeansprüche sieht echtes Leder allerdings sehr nobel aus und bietet sich beispielsweise an, um großflächige Einbauschränke aufzulockern, die als durchgehende Holzfläche sehr dominant wirken können. Und weil die Texturen ein bedeutender Aspekt der Gesamtwirkung sind, geben so unkonventionelle Oberflächen gute Möglichkeiten, eine zusätzliche Ebene ins Spiel zu bringen.

Mit individuellen Einbauten kann man auch subtile optische Bezüge herstellen. Ist ein Raum beispielsweise im asiatischen Stil eingerichtet, könnten die Türen an diesen Kontext anknüpfen – Kleinigkeiten wie die Form der Griffe reichen oft schon aus. In einem konsequent minimalistischen Einrichtungskonzept dagegen wären ganz glatte, fast nahtlose Türen ohne jegliche Griffe oder andere Unterbrechungen die passende Lösung.

Natürlich spielt bei Einbauschränken auch die Innenaufteilung eine wichtige Rolle. Türen jedoch – ob sie nun Einbauten verbergen oder Räume abgrenzen – sind ein wichtiges Element der Raumgestaltung. Aus diesem Grund sollte man in allen Räumen der Wohnung Wert auf attraktive Türen legen. Ein qualifizierter Tischler oder ein Fachbetrieb können helfen.

Schränke und Türen | 125

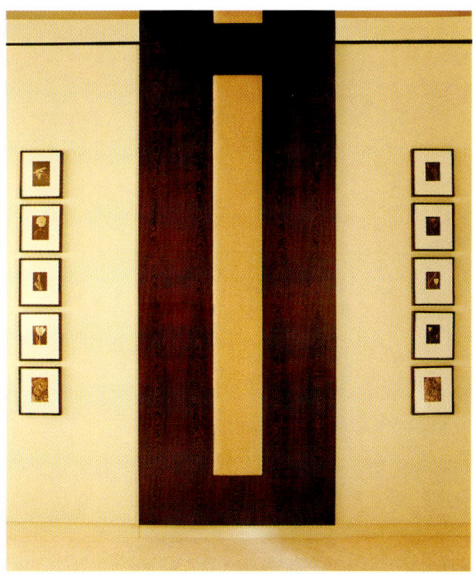

WOHNTEXTILIEN

Glatte, grüne Schiebevorhänge bilden den Blickfang dieses Wohnraums und bestimmen auch den Ton für die Polsterbezüge, die Tischdekoration, die Kissen und sogar die Glasvasen. Das weiße Leinen der Kissen und der Stuhlhusse bringt das frische Apfelgrün erst richtig zur Geltung.

Stoffe richtig einsetzen

VIELE MENSCHEN MEINEN, INNENARCHITEKTUR HABE NUR MIT DEM AUSSEHEN VON RÄUMEN ZU TUN. TATSÄCHLICH GEHT ES ABER VORWIEGEND DARUM, WIE EIN RAUM SICH ANFÜHLT. WENN ICH RÄUME GESTALTE, BEGINNE ICH MEIST MIT DEN TEXTILIEN, WEIL GERADE SIE SO VIEL STIMMUNG SCHAFFEN.

Es reicht nicht aus, auf einem Pinnbord Stoffe zu sammeln, die farblich zusammenpassen. Erst wenn die Chemie zwischen den Stoffen stimmt, erzeugen sie im Raum eine bestimmte Atmosphäre. In dieser Hinsicht gibt es keine großen Unterschiede zwischen Wohn- und Konfektionsstoffen. Jeans wirkt lässig, Taft unverhohlen luxuriös, Schaffell warm und rustikal. Man kann den Charakter solcher Textilien gezielt einsetzen oder auch Materialien kombinieren, die sich in ihrer Wirkung gegenseitig beeinflussen. So verwende ich beispielsweise manchmal einen ausgesprochen edlen Stoff wie Fortuny-Seide neben ganz bescheidenem Köper. Dadurch büßt die Seide nichts von ihrer Eleganz und der Köper nichts von seiner Schlichtheit ein, und dennoch wirken beide als Paar ganz anders als jeder für sich allein.

Textilien eignen sich ausgezeichnet, um den Wechsel der Jahreszeiten aufzugreifen. Was kann im Sommer schöner sein, als beim Aufwachen weiße, duftige Gardinen am Fenster wehen zu sehen? Im Winter dagegen ist es herrlich, in eine weiche Wolldecke gekuschelt am Kamin zu sitzen. Die harten Elemente eines Raums, etwa Fußboden und Einbauten, sind gestalterische Konstanten. Textilien dagegen lassen sich mit wenig Aufwand und Kosten im Lauf der Jahreszeiten austauschen.

Ein wichtiger Aspekt ist auch die organische Struktur von Textilien. Ein Rastersystem ist eine sinnvolle Basis für die Raumgestaltung. Die waagerechten und senkrechten Achsen lassen sich durch Textilien leicht unterstreichen, etwa durch hängende Stoffbahnen oder Tischläufer. Vor allem dienen Textilien aber dazu, harte Konturen weicher zu zeichnen. Sie sollen dafür sorgen, dass ein Raum schon beim Betreten eine weiche, harmonische Atmosphäre vermittelt.

GOLDENE REGELN: WOHNTEXTILIEN

1 Kissen mit »Bauchbinde« sind eine gute Lösung, um verschiedene Farben oder Texturen innerhalb eines Schemas zu verbinden. Der grüne Streifen auf diesen weißen Leinenkissen stellt die Verbindung zu den hinteren Kissen her, aber auch zu den Schiebevorhängen in Grün und Weiß.

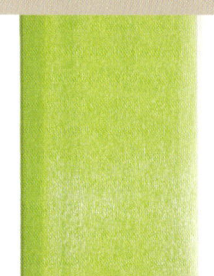

2 Durch die Schiebevorhänge aus Leinen und Baumwolle in den kontrastierenden Farben Grün und Weiß bekommt der Raum ein ausgeprägt lineares Element. Zusammen mit ihrem Gegenpol, dem gepolsterten Tisch in markant waagerechter Linienführung, bilden sie das Grundraster des Raums.

3 Haben alle großen Möbelstücke die gleiche Farbe, muss auf abwechslungsreiche Texturen geachtet werden. Die matte Wildseide der Ottomane verträgt sich gut mit dem Chenillebezug des Sofas und den Kissenhüllen aus Seide und Leinen. Schwarz und Weiß sind die Farben der Accessoires.

4 Der Stuhl mit der weißen Leinenhusse vermittelt etwas Weiches und lockert das strenge Raster des Raums auf. Reines Weiß ist eine erstaunlich dominante Farbe, die schon in kleinen Mengen eine beträchtliche Blickfangwirkung besitzt.

FENSTER-DEKORATIONEN sind

nicht nur ein wichtiges Gestaltungselement, sie haben auch eine praktische Funktion, indem sie für Abdunklung und Dämmung sorgen. Eine wichtige Frage ist daher, ob Sie gern in absoluter Dunkelheit schlafen und auch das Morgenlicht aussperren möchten – oder ob Sie es genießen, von den einfallenden Sonnenstrahlen geweckt zu werden. Bei Fenstern mit Isolierverglasung spielen Vorhänge für die Wärmedämmung eine weniger wichtige Rolle, bei einfach verglasten Fenstern sollte man Vorhänge mit Futter und eventuell isolierender Einlage verwenden.

Ich schätze glatte Schiebevorhänge im japanischen Stil, weil sie so vielseitig sind. Sie werden mit Klettband an der Mechanik befestigt und lassen sich nach Laune oder Jahreszeit schnell wechseln – wer mag, hängt heute Organza und morgen Leder auf. Weil sie außerdem einen sehr grafischen Effekt erzeugen, bieten sie sich für Räume an, in denen ein geordnetes, lineares Bild gewünscht ist.

Vorhänge wirken weicher und organischer als Jalousien, vor allem, wenn sie weich auf den Boden fallen oder aus einem duftigen Stoff bestehen, der sich im leichtesten Luftzug bewegt. Sind die Vorhänge zugezogen, bilden sie aber eine große Farb- oder Musterfläche, deshalb muss darauf geachtet werden, dass ihr Material auch dann ansprechend wirkt. Neutrale Farben sind am günstigsten, weil man ihrer nicht so schnell überdrüssig wird.

GOLDENE REGELN: FENSTER

1 Sollen in einem Raum die architektonischen Elemente betont werden, empfehlen sich Rollos oder Stoffpaneele, die an die Linienführung anknüpfen.

2 Beachten Sie nicht nur das Aussehen von Vorhängen bei Tage, sondern auch die großflächige Wirkung in zugezogenem Zustand.

3 Vor Fenstern mit Doppelverglasung ist die Isolierwirkung von Vorhängen weniger wichtig. Die Optik steht im Vordergrund – vielleicht weiche Seide?

4 Wer Privatsphäre wünscht, ohne zu viel Licht zu blockieren, sollte matte, aber durchscheinende Stoffe wählen, etwa Baumwolle oder Voile.

5 Stangen und Enddekorationen sind ein wichtiger Bestandteil der Fensterdekoration und sollten daher gut auf die übrige Einrichtung abgestimmt sein.

OBEN Diese Schiebevorhänge bestehen aus dem gleichen Stoff, aber in zwei verschiedenen Farbtönen. Wo sie einander überlappen, dringt weniger Licht durch. Diese Kombination bereichert den Raum durch Farbe, Textur und Muster sowie zusätzlich durch ein interessantes Lichtspiel.

RECHTS Schiebevorhänge aus Mohair in bräunlichem Orange und aus Organza in Schwarz betonen die maskuline Atmosphäre dieses japanisch inspirierten Esszimmers. Die hohen Orchideentöpfe in einem dunklen Holzkohlegrau kontrastieren mit dem glänzenden Lack der Möbel einerseits und dem transparenten Stoff andererseits.

OBEN Glatte Schiebevorhänge sind enorm vielseitig. Sie eignen sich als Fensterdekoration, aber auch als Raumteiler. Diese Vorhänge grenzen den Ankleidebereich vom Schlafzimmer ab und beeinflussen die Stimmung, wenn hinter ihnen das Licht eingeschaltet ist.

OBEN RECHTS Eine schlichte Vorhangbefestigung kann sehr ansprechend aussehen. Der Vorhang mit eingeschlagenen Ösen, der auf eine einfache Edelstahlstange geschoben ist, wirft gleichmäßige Falten, die durch die Blende im dunkleren Farbton betont werden.

UNTEN RECHTS Der zweifarbige Vorhang in einem kleinen Badezimmerfenster fällt wie eine Ziehharmonika. Die konventionelle Lösung wäre ein Rollo, doch diese Dekoration ist wegen ihrer dreidimensionalen Wirkung viel interessanter.

Jalousien, Rollos oder Fensterläden bieten sich für Räume an, in denen Vorhänge aus praktischen oder technischen Gründen nicht infrage kommen, beispielsweise an Fenstern in einer Dachschräge. Wer Läden oder Jalousien aus einem harten Material wie Holz verwendet, sollte an anderer Stelle im Raum ein taktiles Gegengewicht setzen, vielleicht einen Sessel mit einem Bezug aus weichem Samt.

Fensterdekorationen darf man nicht isoliert von den übrigen Textilien in einem Raum auswählen. Visuelle Anknüpfungspunkte zwischen den verschiedenen Elementen sollten vorhanden sein, allerdings haben sich die überpenibel abgestimmten Wohntextil-Kollektionen, die vor 20 Jahren in Mode waren, inzwischen überholt. Es reicht aus, wenn beispielsweise ein über das Kopfteil des Betts gehängter Läufer oder ein Einsatz in einem Kissen einen Farbton der Schlafzimmervorhänge aufgreift. Ebenso könnte sich der Farbton eines Textilrollos auf einer Tischdecke oder dem Überwurf eines Sessels wiederholen.

Vorhangstangen und Endstücke sind wichtige Gestaltungsdetails, die sorgfältig auf andere Elemente im Raum abgestimmt sein sollten, vor allem auf Einbauten. Zu Einbauschränken mit klaren, grafischen Linien passen nur ganz schlichte Vorhangstangen. Die Endstücke kann man mit Schmuckstücken auf Kleidung vergleichen – sie erlauben eine Prise Witz oder Glamour. In einem Bad mit vielen Glasflächen könnte man beispielsweise funkelnde Glas-Endstücke wählen. Auch in diesem Fall sollten subtile visuelle Verbindungen zu anderen Elementen im Raum vorhanden sein.

Manche Vorhänge dienen ausschließlich der Dekoration. Hier bauscht sich weiße Fallschirmseide wie die Schleppe eines Brautkleids auf dem glänzenden, schwarz lackierten Holz der Stufen und erzeugt einen wunderschönen, spannungsvollen Kontrast.

OBEN Die luxuriöse Tagesdecke aus weißer Seide reflektiert das Tageslicht, sodass auf ihrer Oberfläche schimmernde Inseln aus Licht und Schatten entstehen. Sandfarbene Kissen lockern die große Fläche auf und »erden« das Farbschema.

RECHTS Das Paneel mit dem Bezug aus sandfarbenem Leinen, das in eine Wand aus Einbauschränken gesetzt ist, könnte ein Bild sein, dient aber hier als zweckmäßiges Kopfteil. Mit Kissen wurde sparsam umgegangen, um nicht von der schlichten Form abzulenken.

BETTEN UND TAGESDECKEN

Ich liebe überdimensionale Bett-Kopfteile – je höher, desto besser. So ein Betthaupt ist ein guter Blickfang, der beim Betreten des Raums sofort ins Auge fällt. Viele attraktive Kopfteile kann man fertig kaufen, doch individuell angefertigte Modelle müssen nicht viel mehr kosten. Als Unterbau reicht preiswerte, nach Maß zugeschnittene MDF-Platte aus dem Baumarkt völlig aus. Für den Bezug eignen sich die verschiedensten Stoffe, von antikem Leinen über Kaschmir bis zu Straußenleder-Imitat oder Wildleder.

Eine bezogene Platte als Kopfteil ist keineswegs die einzige Lösung. Man könnte auch eine Holzplatte mit Lack- oder Intarsiendekor verwenden, die eher an ein Bild erinnert. Eine minimalistische Lösung besteht darin, ein Kopfteil durch eine Reihe Kissen lediglich anzudeuten. Die Gestaltung richtet sich ganz nach der Atmosphäre, die Sie in diesem Raum schaffen wollen.

Eine Tagesdecke mit einem Läufer kann sehr attraktiv aussehen, allerdings sollte man den Läufer auf der Decke festnähen. Das Leben ist einfach zu kurz, um jedem Morgen beim Bettenmachen unnötig Zeit mit dem Ausrichten des Läufers zu verbringen. Ein Läufer auf einer schlichten Tagesdecke bietet eine gute Gelegenheit zum Spiel mit Texturen, indem man beispielsweise hell und dunkel oder glatt und rau kombiniert. Wie immer sollte aber darauf geachtet werden, dass die Stoffe mit anderen Elementen im Raum korrespondieren.

Bettwäsche gehört zu den Wohntextilien, die sich problemlos passend zur Jahreszeit auswechseln lassen. Im Sommer gibt es kaum etwas Schöneres als eine leichte Daunendecke mit frischen, weißen Laken und Bezügen. Im Winter dagegen mag man sich gern unter dicken, warmen Wolldecken zusammenrollen (sofern sie nicht kratzen). Man sollte aber der Versuchung widerstehen, sich zu sehr auf die Ästhetik zu konzentrieren und die Behaglichkeit zu vernachlässigen. Ein Kopfteil sollte fest genug sein, um den Rücken zu stützen, aber auch weich genug, um sich entspannt anzulehnen. Eine Bettdecke soll warm, aber nicht zu schwer sein. Selbst im Winter möchte man nicht unter einem Deckenberg ersticken. Im Schlafzimmer darf man sich ungeniert mit Luxus verwöhnen, und dafür spielt die richtige Wahl der Textilien eine entscheidende Rolle.

OBEN Ein cremefarbenes Kopfteil mit einer Bespannung aus Straußenleder-Imitat ist der Inbegriff von Luxus. Kissen mit Bezügen aus moosgrünem Antiksamt sind ein weiteres, subtil dekadentes Accessoire auf der cremefarbenen Tagesdecke mit passenden Kissen.

LINKS Das Schlafzimmer bietet sich dafür an, den Wechsel der Jahreszeiten nachzuvollziehen. Die Felldecke und die weichen Kissen in warmen Farben versprechen gemütliche Winternächte.

UNTEN Das gepolsterte Kopfteil aus mehreren Feldern knüpft an das Raster an, auf dem die Raumaufteilung basiert. Auch die Anordnung der Kissen – von der dicken Polsterrolle über die Kissen mit Bauchbinde bis zu den Mini-Kissen – spiegelt dieses Raster.

Wohntextilien

KISSEN UND POLSTER

Ein Kissen ist viel mehr als die meisten Leute denken. Es ist ein Mittel, um Räume durch Farben oder Muster zu beleben oder um eine weitere Textur zu bereichern. Je nach Größe eignet es sich für Spiele mit den Proportionen und außerdem kann man seine Form nahezu frei bestimmen. Weil Kissen und Bezüge so wenig kosten, kann man sie kurzerhand austauschen, um die Atmosphäre eines Raums zu verändern. Solche Veränderungen sollten dann auch mit anderen Accessoires vollzogen werden. Trotzdem zollen die meisten Menschen dem bescheidenen Kissen weniger Aufmerksamkeit als den übrigen Wohntextilien.

Kissen können auch allerlei über die Persönlichkeit der Besitzer einer Wohnung verraten. Der eine bevorzugt lauter Kissen aus dem gleichen Stoff in konventionell quadratischer Form, der andere mag extragroße Kissen in lauten Farben. Gefallen Ihnen vielleicht verzierte Kissen mit Knöpfen, Borten und Bauchbinden? Hier geht es nicht darum, was richtig oder falsch ist, sondern womit Sie sich wohl fühlen. Und wer beim Gestalten von Räumen etwas ratlos ist, findet möglicherweise Anhaltspunkte im Typ seiner Lieblingskissen.

Ich persönlich mag gern verzierte Kissen. Der Raum als solcher sollte ruhig und zurückhaltend sein, darum bevorzuge ich neutrale Grundfarben. Kleine, bewegliche Elemente wie Kissen bieten dann Gelegenheit zum Spiel mit Farben, Formen und Texturen. Das führt wiederum zu meiner Vorliebe für Texturkontraste, denn ein Kissen aus mattem Mohair mit einer

OBEN Kissen sind Accessoires, die sich für Verzierungen förmlich anbieten. Perlmuttknöpfe sind schon für sich betrachtet schön, hier erzeugen sie einen spannungsvollen Texturkontrast. Solche neutralen Farbtöne lassen sich mit den meisten Farbschemata leicht kombinieren.

LINKS Kleine Farbakzente sind ein sehr effektives Gestaltungsmittel, für das sich Kissen ausgezeichnet eignen. Hier prunkt ein Modell in warmem Orange vor Artgenossen in neutralen Tönen. Hornknöpfe dienen als Verzierung.

RECHTS Auch Stapel in Farbe und Größe schön abgestimmter Kissen auf einem Tisch oder Bett können sehr dekorativ sein. Hier dient die Bauchbinde des mittleren Kissens als optische Verbindung innerhalb der Arrangements.

Bauchbinde aus schimmernder Seide spricht Auge und Tastsinn gleichermaßen an, ebenso wie ein Hornknopf auf edlem Samt. Da mir beim Gestalten von Räumen die Ausgewogenheit ein wichtiges Anliegen ist, nutze ich Kissen auch gern als Bindeglied zwischen verschiedenen Elementen des Raums. So könnte ein Kissen im Schlafzimmer aus drei Stoffen bestehen – einem, der an das Kopfteil anknüpft, einem zweiten, der mit dem Vorhang korrespondiert, und einem dritten, der nur auf dem Kissen auftaucht. Beim Zusammenstellen von Materialsammlungen für Räume gehören die Stoffe der Kissen für mich ebenso dazu wie Bodenbelag, Möbel und Wandfarben.

Kissen kann man in allen nur denkbaren Größen und Formen kaufen. Große Boden-Sitzkissen vermitteln sofort eine junge, entspannte Atmosphäre, während akkurat ausgerichtete Kissenquadrate gleicher Größe Ordnung und Struktur suggerieren. Schmale Polsterrollen sind eine gute Ergänzung, weil sie Nacken oder Rücken angenehm stützen – und auch andere Kissen. Ich mag besonders gern Typen, die eine besondere Textur aufweisen, etwa gewebter Bast oder Leder.

Man sollte bedenken, dass auch Kissen etwas Pflege brauchen. Schlaffe, verformte Kissen lassen den ganzen Raum ungeliebt wirken. Füllungen aus echten Federn fallen mit der Zeit in sich zusammen, darum muss man sie regelmäßig aufschütteln. Nehmen Sie sich auch die Zeit, die Kissen morgens auf dem Bett zu arrangieren. Kissen, die auf dem Boden verstreut liegen bleiben, sind kein Gewinn für die Raumatmosphäre.

LINKS Ein einzelnes Leinenkissen harmoniert mit dem strukturierten Bezug des Polsterbetts und der Tagesdecke. Der Holzknopf ist ähnlich matt wie der Stoff. Diese Einheitlichkeit vermittelt ein Gefühl der Ruhe.

MITTE LINKS Samtkissen in dunklem Taupe und Creme, verziert mit großen Perlmuttknöpfen, bilden die Dekoration dieses Betts. Solche Hell-Dunkel-Kontraste sind einfach zu gestalten und ausgesprochen wirkungsvoll.

UNTEN LINKS Die auberginefarbenen Kissen bestehen aus Seidenorganza, der eine fein schimmernde Oberfläche hat. Dazu passen die ebenfalls schimmernden Perlmuttknöpfe, die sich von dem dunklen Stoff gut abheben.

UNTEN MITTE Weil Kissen so klein sind, kann man für ihre Bezüge auch Stoffe verwenden, die für andere Objekte zu auffallend oder zu teuer wären. Dieses Kissen aus moosgrünem Antiksamt mit den Hornknöpfen kontrastiert reizvoll mit der weißen Bettwäsche.

UNTEN RECHTS Kissen eignen sich gut für mutige Farbakzente – wie hier in kräftigem, warmem Orange. Auch die Texturen kommen durch den Kontrast zwischen dem matten Samt und dem Schimmer des schwarzen Fells zu ihrem Recht.

OBEN Beim Dekorieren eines Betts sollte man Kissen nicht als Einzelstücke, sondern als Gruppe betrachten. Hier wurden für die Bezüge der mittleren Kissen die Stoffe der vorderen und hinteren kombiniert, sodass ein sanfter Farbübergang entsteht.

LINKS Kissen eignen sich für dekorative Arrangements auf Betten und Sofas. Diese Kissen haben durchweg den gleichen Rohweiß-Ton, wirken aber durch die unterschiedlichen Formen, Muster und Texturen sehr abwechslungsreich.

GANZ LINKS Mit Kissen lässt sich schnell und einfach die Raumstimmung beeinflussen. Die Bezüge in Rost und Steingrau schlagen hier eine Brücke zur wattierten Decke, während die gemusterten Kissen das ansonsten neutrale Schema auflockern.

Wohntextilien | 139

OBEN Ein naturfarbener Leinenläufer zieht sich über die Tagesdecke und gibt diesem Einzelbett mehr Charakter. Das Kissen mit dem schmaleren Einsatz ist genau darauf abgestimmt, beide Stoffe harmonieren mit der Farbe des Kopfteils.

LINKS Überwürfe müssen nicht lässig hingeworfen sein. Hier wurde eine Kaschmirdecke akkurat zusammengefaltet und wie ein Läufer über einen Schlafzimmersessel gelegt. Durch das einzelne rechteckige Kissen wird der zugrunde liegende Raster aufgegriffen.

RECHTS Mit einem Raster aus Tischläufern kann man die einzelnen Gedecke markieren oder die Tischdekoration strukturieren. Dieser schmale Seidenläufer zieht sich in Längsrichtung über den Tisch und gibt den Kugelvasen mit den winzigen Rosenblüten einen schönen Rahmen.

LÄUFER UND ÜBERWÜRFE

gehören zu meinen Favoriten, weil sie den Raster betonen, auf dem ich meine Raumkonzepte aufbaue. Textilien sind als Dekorationsaccessoires ausgesprochen leicht zu handhaben. Insbesondere schmale Läufer oder Einsätze in Kissen und Decken setzen klare, lineare Akzente und bieten sich zudem an, um interessante Texturen oder Farbkontraste in die Gestaltung zu integrieren. Auch jahreszeitliche Stimmungen lassen sich mit ihnen vermitteln, so wirkt ein Tischläufer aus Filz ganz anders als ein Modell aus sommerlich-leichtem Voile.

Konventionelle Läufer sind schmale, lose Stoffbahnen, die über ein Möbel – etwa einen Tisch oder eine Stuhllehne – gelegt werden und jederzeit nach Laune, Atmosphäre oder Jahreszeit ausgetauscht werden können. Man kann einen Läufer auch auf seinem Untergrund festnähen, etwa auf einer Tagesdecke. Dadurch ist er weniger flexibel, aber immer perfekt in Form.

Wichtig ist vor allem, dass die Proportionen in Länge und Breite stimmen. Hier kommt es auf ein sicheres Auge an, denn der Läufer soll breit genug sein, um ins Auge zu fallen, aber nicht so breit, dass er dominant wirkt. Werden mehrere Läufer eingesetzt, muss auch überlegt werden, ob alle in der gleichen Richtung verlaufen sollen oder ob durch längs und quer angeordnete Läufer der Raster betont werden soll.

Läufer vermitteln Struktur, Überwürfe das Gegenteil. Sie tragen ihren Namen nicht durch Zufall, denn sie wirken organisch, zwanglos, wie hingeworfen. Sie brechen harte Linien und streng geometrische Konturen und eignen sich dadurch gut, um Räume aufzulockern, die allzu perfekt oder symmetrisch wirken. Man kann sie drapieren, falten, flach ausbreiten oder aufhängen. Wie bei allen anderen Elementen im Raum muss man sich aber ihrer Textur und der dadurch entstehenden Spannung bewusst sein, etwa bei Kombination eines indischen Paisley-Tuchs mit einem maskulinen Ledersessel oder einer Felldecke, deren Saum über einen Sandsteinboden schleift.

Überwürfe sind auch ein natürliches Bindeglied zwischen Raumgestaltung und Mode, denn antike Schals und ähnliche Accessoires eignen sich bestens als Raumdekoration – vor allem, wenn sie aus edlen Stoffen wie Seide, Kaschmir oder Taft bestehen. 95 Prozent der Stoffe in einem Raum sollten miteinander korrespondieren, doch aufregend wird das Interieur erst durch eingestreute, auffällige Einzelstücke.

ACCESSOIRES UND PRÄSENTATION

Schönes präsentieren

MAN KANN DIE SCHÖNSTEN DINGE ANSAMMELN, DOCH WENN MAN SICH
NICHT DIE ZEIT NIMMT, SIE LIEBEVOLL UND SORGFÄLTIG ZU PRÄSENTIEREN,
WERDEN SIE NICHT IN IHRER GANZEN SCHÖNHEIT ZUR GELTUNG KOMMEN.

Wir Menschen sind Gewohnheitstiere und vergessen gern, dass man einen Raum völlig verändern kann, nur indem man einige Gegenstände, Bilder oder Blumen hinzufügt oder wegnimmt. Das heißt nicht, dass man etwas neu kaufen muss. Vielmehr geht es darum, quer zu denken und neue Möglichkeiten zu entdecken, vertraute Dinge zu präsentieren. Ich räume Accessoires gern weg, um sie nach vielleicht einem Jahr wieder zu entdecken. So kann ich jedes Stück wie ein Geschenk auspacken und mich aufs Neue an seiner Form oder Textur freuen. Bei der Präsentation von Accessoires sollte man anders ans Werk gehen: Zuerst wird reiner Tisch gemacht.

Räumen Sie alle Flächen frei – Kaminsims, Wände, Tischplatten. Dann arrangieren Sie neu und versuchen dabei zu vermeiden, vorherige Anordnungen zu wiederholen.

Vermeiden Sie zu viel Symmetrie, streben Sie stattdessen optische Ausgewogenheit an. Stellen Sie sich den Raum als leere Leinwand vor, auf der Sie das perfekte Stillleben erschaffen wollen. Legen Sie zuerst den Hauptblickfang und dann die »Nebenschauplätze« fest. Achten Sie auf Abwechslung in Höhe, Breite, Textur und Farbe – aber auch darauf, dass alle Elemente ein gemeinsames Thema haben. Einige Objekte erhalten einen Ehrenplatz, andere überlagern einander, sodass manche erst auf den zweiten Blick ins Auge fallen. Durch diesen Kunstgriff wirkt die Dekoration interessanter, weil man immer noch etwas entdecken kann.

Übertreiben Sie es nicht. Zu viele Prachtstücke verwirren das Auge und lassen einen Raum unruhig und ungeordnet erscheinen. Meine Philosophie lautet, eher wenige, aber sorgsam ausgewählte Stücke zu verwenden.

GOLDENE REGELN: PRÄSENTATION

1 Eine gelungene Präsentation ist ausgewogen. Der Betonung der Waagerechten, etwa durch die Regale und das Sofa, wird hier ein eher vertikaler Akzent gegenüber gestellt. Der schlichte Glaszylinder mit Büffelgras und Moos ist ein schöner Blickfang auf dem halbhohen Schrank.

2 Auch übereinander hängende Bilder in Rahmen gleicher Größe betonen die Senkrechte und somit das Prinzip des Rasters. Hängen Sie Bilder nicht zu hoch – im Idealfall hat man im Stehen und im Sitzen etwas zum Anschauen.

3 Statt allerlei Krimskrams auf der Tischplatte anzusammeln, gestalten Sie ein interessantes Stillleben. Ein Tablett bildet den Rahmen, Paare von Objekten vermitteln ein Gefühl von Symmetrie.

4 Frei tragende Regale sind ein idealer Platz für gemischte Sammlungen aus Glas, Keramik, Büchern und Bildern. Das Zusammenspiel der klaren Horizontalen mit den kleineren Objekten verschiedener Höhe kann sehr ansprechend und interessant sein.

Dieser harmonische Wohnraum ist sehr sorgfältig dekoriert, von dem ausgewogenen Arrangement auf den frei tragenden Regalen bis zu dem Stillleben auf dem Tisch. Es setzt das aus dem Zen stammende Prinzip um, dass das Auge Punkte zum Ausruhen finden sollte.

SCHRÄNKE UND SIDEBOARDS

Ein Möbelstück, das Platz für eine Gruppe von Objekten oder eine Sammlung bietet, ist ein idealer Blickfang, besonders in Räumen, die nicht über einen Kamin oder ein ähnlich dominantes architektonisches Element verfügen.

Wenn das Budget es erlaubt, sollten Sie ein Möbel speziell für den Raum bauen lassen. Das hat den Vorteil, dass es perfekt passt und auch Sonderwünsche wie eine individuelle Beleuchtung berücksichtigt werden können. Sollen darin bestimmte Objekte präsentiert werden, messen Sie deren Höhe und Breite genau aus, damit Sie die erforderliche Größe der Fächer ermitteln können.

Erschrecken Sie nicht, wenn Sie den Schrank zum ersten Mal sehen. Neue Einbauten sehen oft ungemein groß und dominant aus, als würden sie gar nicht zu dem Raumproportionen passen. Doch dieser Eindruck verliert sich, wenn die Fächer erst einmal eingeräumt sind.

Im Gegensatz zu Schränken und Regalen lassen sich Sideboards eher mit Tischplatten vergleichen. Man sollte aber auch bedenken, wie man sie aus einer sitzenden Position wahrnimmt. Weil Sideboards höher sind als Couchtische, sieht man die präsentierten Objekte häufiger im Profil. Gegenstände ähnlicher Größe oder Textur sollten Sie möglichst vermeiden. Besser ist es, mit Kontrasten wie groß und klein, breit und schmal, matt und glänzend, glatt und rau zu spielen, um ein anregendes Bild zu erhalten. Vergessen Sie auch die Wandfläche dahinter nicht, denn das, was über dem Sideboard hängt, trägt ebenso zur Gesamtwirkung bei wie das Arrangement der Objekte auf der Platte.

OBEN Das Schrankpaar aus Wengé verleiht dem Raum eine ausgeprägte Symmetrie. Die Schränke beherbergen eine Sammlung von maritimen Gegenständen: Muscheln aus Gips, organisch geformte Glasobjekte und gläserne Kugelvasen mit Korallen und Sand.

RECHTS In einem Regal mit würfelförmigen Fächern muss die Präsentation gut durchdacht sein, damit sie ausgewogen wirkt. Wichtig sind auch Anknüpfungspunkte zwischen den verschiedenen Dekorationsstücken. Kugelvasen aus Glas, gefüllt mit Sand und Korallen, sind in gleichmäßigen Intervallen zwischen Keramiken, mundgeblasenem Glas, Büchern und Schalen verschiedener Formate aufgestellt.

NISCHEN sind oft ungenutzte Bereiche, die sich ausgezeichnet in Präsentationsflächen verwandeln lassen. Wenn solche Nischen baulich ungeschickt wirken, füllt man sie am besten mit Regalen, um sie den umgebenden Wänden anzugleichen.

Manchmal werden Nischen aber auch bewusst als Präsentationsbereich eingeplant. Nicht immer handelt es sich um Vertiefungen in einer massiven Wand, ebenso können sie Teil der Abgrenzung zwischen zwei Räumen oder Bereichen sein.

Stellen Sie sich eine Nische wie eine Miniatur-Bühne vor. Zunächst brauchen Sie einen Hintergrund, vor dem die gewählten Objekte gut zur Geltung kommen. Die Nische kann komplett in Licht getaucht sein, was in einem abgedunkelten Raum dramatisch aussieht. Sie könnten das Arrangement auch mit Strahlern anleuchten, sodass es sich vor dem samtig-dunklen Hintergrund abhebt. Streichen Sie die Nische in einer anderen Farbe als die umgebende Wandfläche. Sehr reizvoll und atmosphärisch wirkt auch eine interessant gestaltete Oberfläche, beispielsweise polierter Verputz. Die Proportionen der Nische entscheiden darüber, was darin präsentiert werden kann, vielleicht ein hohes, schlankes Objekt oder eine Reihe von Stücken ähnlicher Form. Ist die Dekoration ausgewählt, müssen noch Regale eingebaut werden, die sowohl zur Nische als auch zum Inhalt passen. Ich wähle oft frei tragende Regale, weil sie besonders unauffällig sind.

Wichtig ist weiterhin eine gute Beleuchtung. Eine Nische ist ein Blickfang, darum sollte sie vor allem am Abend ins rechte Licht gesetzt werden. Von hinten angestrahlt erscheinen die Objekte als Silhouetten, was sehr stimmungsvoll aussehen kann. Seitliches Licht überzieht sie mit einem gleichmäßigen Schimmer, und wer dramatische Effekte schätzt, könnte einen Farbfilter verwenden. Zusätzlich könnte man den Lichtstrahl eines sorgfältig im Boden oder der Decke der Nische versenkten Strahlers auf die Objekte richten. Eine solche Beleuchtung erlaubt nicht nur, die Dekoration in der Nische gut zu sehen, sondern sie wird auch zum integralen Bestandteil des gesamten Beleuchtungskonzepts des Raums. Am Abend könnte man die übrigen Lampen dämpfen, sodass die Nische ein sanftes Stimmungslicht im Raum erzeugt.

Nischen eignen sich am besten für ein oder zwei ausgewählte Objekte oder für eine Sammlung gleichartiger Stücke. Ungeschickt wirken überfüllte Nischen oder Ansammlungen von Objekten verschiedener Form und Höhe. Dabei muss eine spektakuläre Dekoration nicht viel kosten. Wenn einmal Regale und Beleuchtung installiert sind, kann schon eine Reihe simpler Plexiglas-Kästen reizvoll aussehen. Wer eine schöne Sammlung besitzt – sei es Murano-Glas oder antike Haushaltsutensilien aus Holz – kann die Nische wie eine moderne Variante der Vitrine gestalten.

OBEN Dieses kleine Esszimmer wird durch Präsentationsnischen viel interessanter. Der dunkle Verputz und die gerichtete Beleuchtung bilden einen effektvollen Hintergrund für die rauen, handgefertigten Keramikvasen.

RECHTS Eine Wand voller Nischen, deren Regale über die Wandfläche vorragen, ist der unkonventionelle Blickfang dieses Gästebads. Die perfekte Ausgewogenheit der paarweise aufgestellten Metallschalen knüpft an die fernöstliche Philosophie an.

RECHTE SEITE:
OBEN Die rote Nische ist ein lebhafter Farbakzent in dieser Familienküche. Ziergräser in Reagenzglas-Vasen sorgen für frisches Grün. Eine Reihe kleiner Keramikschalen gleicht deren Höhe aus und führt das Auge sowohl in Längs- als auch in Aufwärts-Richtung.

UNTEN Die L-förmige Nische in der Ecke eines Schlafzimmers sieht sehr interessant aus und ist der ideale Platz für eine Installation aus identischen Glasvasen mit Sand und Korallen.

Wohndetails

REGALE gehören zu den Notwendigkeiten der Einrichtung, weil sie es erleichtern Ordnung zu halten, und weil sie sich auf ganz natürliche Weise als Präsentationsflächen anbieten. Man kann zwar die verschiedensten Regalsysteme fertig kaufen, doch ich ziehe es vor, sie für den jeweiligen Raum nach Maß fertigen zu lassen. Besonders elegant sind frei tragende Regale, deren Befestigungskonstruktion nicht sichtbar ist. Mir gefallen sie vor allem darum gut, weil sie nicht von dem ablenken, was auf ihnen präsentiert wird. Wie bei Nischen (siehe Seite 148–149) kann man mit speziellen Beleuchtungsinstallationen die Objekte auf den Regalen von hinten oder seitlich illuminieren oder gezielt anstrahlen. Wie an der Wand hängende Bilder (siehe Seite 154–155) sollten auch Regale in einer Höhe angebracht werden, in der man sie aus sitzender und stehender Position gut sehen kann. Beim Anbringen von Regalen muss darum die Größe und Höhe der übrigen Möbel im Raum berücksichtigt werden.

Beim Präsentieren von Objekten auf Regalen kann man zwei grundsätzliche Ansätze unterscheiden. Einer besteht darin, viele identische Objekte in senkrechten oder waagerechten Reihen anzuordnen. Dabei sollte man allerdings eine zu strenge Symmetrie vermeiden. Ein Leerraum kann schon ausreichen, um dieser Gefahr aus dem Weg zu gehen. Die zweite Möglichkeit wäre, verschiedene Gegenstände zu kombinieren, etwa mundgeblasenes Glas, Bücher, Blumen und Schwarz-Weiß-Fotos. Beim Einrichten eines Raums geht es letztlich um die Vielschichtigkeit. Zuerst wird der Grundraster geschaffen – in diesem Fall die Regale. Dann wird diesem Raster durch ein durchdachtes Arrangement anderer interessanter Elemente optische Tiefe verliehen.

Wieder geht es um Ausgewogenheit, nicht zu verwechseln mit Symmetrie. Wählen Sie ein Herzstück für das Arrangement und arbeiten Sie von diesem ausgehend nach oben und unten, nach rechts und links. Es kann erstaunlich lange dauern, bis man die richtige Kombination aus Größen und Formen, Farben und Texturen gefunden hat, doch der Prozess lässt sich vereinfachen, wenn man Elemente wiederholt. Wer beispielsweise Blumen integrieren möchte, könnte drei identische Vasen mit Blüten gleicher Art wählen, denn eine zu große Vielfalt kann auch unruhig und verwirrend wirken.

Damit ein Arrangement auf Regalen gelingt, braucht man etwas Verständnis für die Spannung zwischen den Objekten. Hier bildet die waagerechte Skulptur einen Gegenpol zu den drei Vasenpaaren mit gestutztem Ziergras. Die Bilder betonen durch ihre Überlappungen die Spannung zwischen den gefüllten und den freien Bereichen.

OBEN Schlichte Arrangements wirken auf Regalen oft am besten. Hier bilden drei Glasvasen mit weißen Hortensienblüten ein elegantes Stillleben vor dem Hintergrund aus dunklem Holz. Der organisch geformte Leuchter lockert die grafische Strenge auf.

OBEN RECHTS Treppen bieten sich für Bildersammlungen an, doch nirgends steht geschrieben, dass man Bilder direkt an die Wand hängen muss. Farbfotos auf Regalen mit einer Faseroptik-Beleuchtung sind ein reizvoller Blickfang in diesem ansonsten neutral gehaltenen Treppenflur.

RECHTE SEITE:

LINKS Nahezu identische Keramikschalen stehen auf diesen frei tragenden Regalen auf flachen Kästen, die abgestuften Höhen geben dem Ensemble Spannung. Die Stehlampe mit ihrer grafischen Form fügt sich nahtlos in das Arrangement ein.

RECHTS Diese nach Maß gefertigten, frei tragenden Regale biegen sich an den Enden ganz leicht nach oben und stellen so die Vorstellung infrage, dass Regale immer gerade sein müssen. Die dezenten Edelstahl-Klammern rahmen die Glasvasen mit cremefarbenen Rosen ein.

Beim Gestalten von Regalen zählt nicht nur, was man darauf stellt, sondern auch die Bereiche, die frei bleiben. So kann ein völlig leeres Regal der perfekte Gegenpol zu einem relativ vollen Regal sein. Ein einzelnes Objekt, in der Mitte eines Regals platziert, braucht keine weitere Gesellschaft. Ein sicheres Gefühl für die Wirkung des Freiraums zwischen den Objekten, der so wichtig ist wie die Objekte selbst, ist notwendig, um die Dekorationen in einer Wohnung gekonnt zu präsentieren.

Designer sprechen von positivem und negativem Raum. Negativer Raum wird von einem Objekt ausgefüllt, während der positive Raum der umgebende Leerraum ist. Einer der Gründe, warum ich so gern Bilder überlappend aufstelle, besteht darin, dass sich dadurch ein reizvolles Spiel mit dem positiven und dem negativen Raum ergibt. Denken Sie in diesem Kontext nicht nur an die Regale selbst, sondern auch an den Raum, in dem sie sich befinden. Ich finde subtile Bezüge zwischen den verschiedenen Elementen eines Raums sehr wichtig. Wenn ich beispielsweise kleine Schwarz-Weiß-Fotos auf Regale stelle, dann lehnt möglicherweise ein größeres Schwarz-Weiß-Foto an derselben Wand. In ähnlicher Weise könnte eine rote Blume in einer Vase auf einem Regal an die Farbe eines Überwurfs oder Teppichs anknüpfen. Wichtig ist schließlich, dass die Präsentation nicht zu statisch wirkt. Ebenso, wie man ab und zu die Möbel verrücken oder die Kissenbezüge austauschen muss, damit eine Einrichtung lebendig bleibt, sollte man auch im Abstand von etwa sechs Monaten eine kritische Bestandsaufnahme der Regale machen. Wenn Sie das, was Sie da sehen, nicht mehr begeistert, ist es an der Zeit, die Regale komplett abzuräumen und neu zu gestalten.

GERAHMTE BILDER

die Ihnen wirklich wichtig sind, sollten den Blickfang eines Raums bilden. Beleuchtung, Einrichtungsfarben und Stellung der Möbel kann sich an ihnen orientieren. Eine Design-Richtung empfiehlt, ganz unterschiedliche Bilder an einer Wand zu kombinieren, um den Effekt zu verstärken, doch diesem Konzept kann ich mich nicht anschließen. Auf mich wirken solche Mischungen oft verwirrend und es fällt mir schwer, die Stimmung jedes einzelnen Bildes wahrzunehmen. Besser gefallen mir Bildersammlungen mit einem gemeinsamen Nenner, sei es die Größe, der Stil, die Technik oder das Motiv. Ich mag Schwarz-Weiß-Fotos besonders gern, weil sie etwas Grafisches vermitteln und selten in Konkurrenz zu ihrer Umgebung treten. Denkbar wäre auch, ein Motiv als Bindeglied zu wählen, das eine persönliche Bedeutung hat, etwa eine bestimmte Landschaft, eine Person oder eine individuelle Leidenschaft.

Der monochrome Charakter von Fotos erleichtert die Präsentation erheblich. Eine Reihe von waagerecht angeordneten Fotos knüpft an den Raster an, der der Einrichtung zugrunde liegt, während lässig auf Regale gestellte Fotos genau diesen strengen Raster infrage stellen. Auch die Proportionen spielen eine Rolle. Selbst wenn ein großes Foto den Blickfang des Raums bildet, sollte man ihm zum Ausgleich eine Reihe kleinerer Fotos gegenüber stellen, vielleicht als Gruppe.

LINKS Bilder müssen nicht unbedingt mitten auf der Wand präsentiert werden. Hier wurden alte Fotos der Beatles in kräftigen Rahmen zu einer Viererguppe zusammengefasst und relativ niedrig aufgehängt, sodass man sie aus sitzender Position gut sehen kann.

RECHTE SEITE:
OBEN Achten Sie darauf, wie Bilder mit Möbeln und anderen Objekten interagieren. Hier hängt eine Reihe von Schwarz-Weiß-Fotos dicht über einem Konsoltisch aus Wengé und bildet mit der Dekoration aus silbernen und gläsernen Objekten ein harmonisches Ganzes.

LINKS Der weiße Rahmen zieht den Blick auf dieses große Foto und schlägt zugleich eine Brücke zu dem Weiß des Lampenschirms und der Kissen. So unterstreicht auch die Aufstellung der Möbel die Wirkung des Bilds.

RECHTS Symmetrie und Asymmetrie sind wichtige Kriterien für die erfolgreiche Präsentation von Bildern. Hier sind einige Abzüge in einer geordneten Reihe an einer Wand aufgehängt. Daran schließt sich ein unregelmäßigeres Arrangement von Bildern an, das verhindert, dass die Anordnung allzu vorhersehbar wird.

Accessoires und Präsentation | 155

OBJEKTE AN DER WAND

sind eine interessante Alternative zu konventionellen Bildern. Dreidimensionale Gegenstände, vor allem mehrere identische, geben bei gekonnter Präsentation einen sehr reizvollen Blickfang ab.

Ob man etwas Exotisches wie primitive Masken wählt oder etwas eher Alltägliches, etwa schöne Schachteln oder dekorative Gefäße – die Wirkung beruht immer auf der Art der Gruppierung und der Wiederholung gleichartiger Objekte.

Solche Präsentationen sind auch eine Möglichkeit, die eigene Persönlichkeit in der Raumgestaltung zum Ausdruck zu bringen, etwa indem man Objekte verwendet, die man selbst auf Reisen zusammengetragen hat.

In Bezug auf die Gestaltung dreidimensionaler Präsentationen gibt es zwei grundlegende Ansätze: Man kann die Objekte auf den Raum abstimmen – oder den Raum auf die Objekte. Beide Ansätze haben ihre Berechtigung, allerdings muss man sich zuerst klar werden, welchen man wählen will, um die optimale Präsentationsform zu finden. Natürlich kann man sich auf die Suche nach den idealen Objekten machen, die das Interieur abrunden. Es ist aber auch ein besonderes Vergnügen, für ein spezielles Lieblingsstück oder eine besondere Sammlung den perfekten Rahmen zu gestalten. Für mich liegt der Reiz solcher plastischen Objekte auch darin, dass sie einen Raum nicht nur in visueller, sondern auch in taktiler Hinsicht bereichern. Wem macht es keine Freude, mit der Hand über schön geschnitztes Holz oder ein vergoldetes Ornament zu streichen?

OBEN Die Wiederholung nahezu identischer Objekte ist eine einfache und sehr wirkungsvolle Möglichkeit, visuelle Spannung zu erzeugen. Die plastischen Gegenstände bereichern den Raum um eine Dimension, die Anordnung knüpft an den Grundraster an.

LINKS Dieser Stahlkamin, der wie gewaltsam aufgerissen aussieht, kann durchaus als dreidimensionales Kunstwerk gelten. Das abstrakte Gemälde ist ihm im Stil verwandt.

GANZ LINKS Der extravagante Spiegel mit seinem organisch geformten, vergoldeten Rahmen ist Blickfang eines ansonsten neutralen, ruhigen Raums. Ein solches Element sollte nicht in der Wandmitte hängen, sondern asymmetrisch platziert werden.

RECHTS Kombiniert man zwei verschiedene Elemente, kann etwas Neues entstehen. Hier treten die drei plastischen Lampen durch ihre ähnliche Breite in Beziehung zu dem Kaminvorsprung und bilden zu ihm ein optisches Gegengewicht, während die senkrechten Metallstangen Flammen symbolisieren.

Accessoires und Präsentation | 157

TISCHPLATTEN sind nicht nur funktionelle Flächen zum Abstellen von Dingen, sie zeigen auch eine Momentaufnahme ihrer Benutzer. Warum sollte man einen Tisch mit einem Sammelsurium aus Zeitungen, Zeitschriften und Aschenbechern überhäufen, wenn man ihn mit etwas Überlegung in einen viel ansprechenderen Anblick verwandeln kann?

Natürlich sind Tische praktische Ablageflächen. Für mich sind sie aber noch viel mehr. Im Gegensatz zu Sideboards oder Regalen eignen sie sich weniger für dauerhafte Dekorationen, wohl aber für lebendige, veränderliche Landschaften sehr individueller Prägung.

Stellen Sie sich einen Tisch als leere Leinwand vor, auf der Sie ein kleines Kunstwerk gestalten können. Eine der einfachsten Möglichkeiten besteht darin, mehrere Gegenstände auf einem Tablett auf dem Tisch zu arrangieren. Das Tablett wird damit zum beweglichen Rahmen und kann in diesem Sinne als eine weitere Texturebene in diesem Bereich des Raums betrachtet werden.

Füllt man ein Tablett mit einer Sammlung gleichartiger Objekte – blank polierte grüne Äpfel reichen völlig aus – erhält es die gleiche visuelle Dynamik wie ein Bild. Denkbar ist aber auch ein Arrangement verschiedener Objekte, die wegen ihrer kontrastierenden Formen oder Proportionen ausgesucht wurden. Der Dekorationswert von Büchern wird oft unterschätzt. Ich kann mich an schönen, gebundenen Exemplaren voll anregender Bilder gar nicht satt sehen. Die Auswahl der auf einem Tisch präsentierten Literatur verrät viel über Persönlichkeit und Neigungen der Bewohner. Und warum soll man Besucher nicht einladen, in schönen Fotobildbänden mit Motiven des Lieblingsmalers zu blättern?

Das Auge liebt Anregungen, darum werden dekorative Arrangements so geschätzt, die man aus sitzender Position betrachten kann. Lassen Sie Ihre Fantasie spielen und kreieren Sie je nach Stimmung, Anlass oder Jahreszeit immer neue »Miniatur-Ausstellungen« auf dem Tisch.

LINKS Ein Tablett bietet sich zum Präsentieren einer Dekoration auf einem Tisch an. Wie wichtig die Ausgewogenheit des Arrangements ist, zeigt dieses Beispiel mit zwei hohen Glasvasen mit Büffelgras, gläsernen Kerzenhaltern und flachen Keramikschalen als optisches Gegengewicht.

RECHTS Die dunklen Holztabletts bilden einen attraktiven Rahmen für die akkurat angeordneten Zierkürbisse, die schon durch ihre Form und Farbe eine Augenweide sind. Eine solche Dekoration kann man in wenigen Minuten gestalten und problemlos wöchentlich erneuern.

LINKS Die Konsole aus dunklem Wengé-Holz hinter der Lehne des holzkohlegrauen Sofas ist ein idealer Platz für einen Farbakzent – hier in Form von drei Calla-Blüten, deren Stiele spiralförmig in Goldfischgläser gelegt wurden. Neben ihnen liegt eine afrikanische Kopfstütze in ähnlicher Höhe, die einen optischen Gegenpol zu dem Glas und den Blüten bildet.

OBEN Tischplatten bieten sich an, um durch die Dekoration einen weiteren Raster aus horizontalen und vertikalen Linien zu gestalten. Hier liegt ein dunkles Tablett neben zwei Fotobildbänden, als Bindeglied dient eine runde Glasvase mit verblichenen Blättern. Selbst die kleinen Silbertöpfe bilden einen eigenständigen Raster innerhalb dieses Arrangements.

Accessoires und Präsentation

VASEN UND GEFÄSSE könnte man als eigenständige Räume betrachten, die beispielsweise Blumen oder andere Objekte beherbergen. Diese Sichtweise erleichtert es, den Raum einer Vase auf ganz neue Weise »einzurichten«. Zu meinen Markenzeichen gehören kugelförmige Glasvasen, die ich mit Sand und Korallen oder mit nichts weiter als einem Stück Seil fülle. Das sieht nicht nur gut aus, es ist auch eine gute Lösung für seltener benutzte Räume wie das Gästezimmer oder ein Ferienhaus, in dem frische Blumen zu aufwändig zu versorgen wären.

Wenn ich Blumen zur Raumgestaltung einsetze, kaufe ich entweder reichlich – oder ganz wenige. Für dramatische, auffällige Blumen mit langen Stielen benötigt man große Vasen. Aber man braucht auch bescheidenere Gefäße. Wenn Sie schön geformte Behältnisse finden, etwa transparente Kästen, Kugelvasen, Regenzglasvasen oder schlichte Zylinder, kaufen Sie gleich mehrere davon. Eine Rosenknospe in einem Reagenzglas wird übersehen, eine Zehnerreihe dagegen fällt ins Auge.

Finde ich eine Vase, die mir als eigenständiges Objekt gefällt, stelle ich selten Blumen hinein, sondern lasse sie für sich selbst sprechen. Mundgeblasene Glasvasen beispielsweise haben eine so wunderschöne, organische Form, dass sie keinen weiteren Schmuck benötigen. Letztlich muss man entscheiden, was ins Auge fallen soll – die Vase oder die Blumen.

OBEN Wer sagt, dass Vasen nur für Blumen und Blattwerk da sind? Weißes Seil ist ein ungewöhnlicher Schmuck für die übergroßen Cognacschwenker, aber die beiden Texturen harmonieren gut miteinander und das helle Seil kommt durch das Glas vor dem Hintergrund aus dunklem Holz noch besser zur Geltung.

RECHTE SEITE:
OBEN LINKS Vasen aus farbigem Glas sind auch ohne Blumen eine Augenweide. Hier greifen die Gelbtöne die Farbe des Rollos rechts auf, während eine Vase in Gelb und Violett den Raum zwischen diesen beiden verwandten Elementen betont.

OBEN RECHTS Die interessant geformte, große Keramikvase bildet mit den weißen Nelken ein schönes Stillleben in einer Wohnraumecke, vor allem im Kontext der gebauschten, weißen Vorhänge. Die kleine Glasschale links spielt mit der Wahrnehmung der Proportionen.

MITTE LINKS Mehrfarbiges Glas ist ein ideales Mittel, um in einem neutral eingerichteten Raum einen dezenten Farbakzent zu setzen. Hier wurden die Regale passend zum Taupeton der Vase gestrichen, sodass die Rottöne Kontraste erzeugen.

MITTE RECHTS Goldfischgläser mit Sand und Korallen sind nicht nur eine schöne Dekoration für ein Regal, sie sind auch wesentlich pflegeleichter als frische Blumen. Dadurch eignen sie sich besonders gut für Gästezimmer oder Ferienwohnungen.

UNTEN LINKS Weil es Vasen in so vielen verschiedenen Materialien gibt, sind sie die idealen Kandidaten für ein Spiel mit Texturkontrasten. Hier gesellt sich die raue Holzoberfläche der großen Vase zu glänzender Keramik und schimmerndem Glas.

UNTEN RECHTS Die beiden stattlichen, braunen Glasflaschen wurden wegen ihrer Größe und Form ausgewählt. Sie sind mit getrockneten Blättern gefüllt, die sich durch das Glas als feine Muster aus Schatten und Linien abzeichnen.

Accessoires und Präsentation | 163

OBEN Ein Tablett ist ein ungewöhnlicher, aber effektvoller Präsentationsrahmen für Blumen. Das schlichte Plexiglas-Tablett mit den weißen Calla-Blüten ist eine spektakuläre Tischdekoration. Durch die längs liegenden Stiele wird auf subtile Weise ein Raster angedeutet.

OBEN LINKS Eine Gruppe gleichartiger Blumen wird interessanter, wenn die Blüten auf verschiedene Weise präsentiert werden. Hier recken sich Amaryllis und Weidenkätzchen aus hohen Glasvasen, während die Stiele passend zur gedrungenen Form der mittleren Vase kurz geschnitten wurden.

GANZ LINKS Traditionelle Rosen zeigen sich von ihrer modernen Seite, wenn einzelne Blüten in Goldkolben-Blätter gehüllt werden. Große Sträuße aus einer einzigen Blumenart sehen oft interessanter aus als gemischte Arrangements aus vielen verschiedenen Blüten.

OBEN Drei große Silberurnen mit Alpenveilchen in einem Badezimmer zeigen, dass man auch mit Pflanzen attraktive Installationen gestalten kann. Das glänzende Metall hebt sich reizvoll vor den matten Steinwänden ab, zu deren dunklem Ton das Weiß der Blüten einen markanten Kontrast bildet.

OBEN RECHTS Der stattliche weiße Kübel mit Orchideen – einer von einem Paar – ist ein auffälliger Blickfang auf dem dunklen Holzfußboden. Zusammen mit den Schwarz-Weiß-Fotos an der Wand entsteht eine harmonische Gesamtkomposition.

LINKS Ein wunderbar ausgewogenes Arrangement, das in zwei Glasvasen den Charakter roter Rosen ganz unterschiedlich zur Geltung bringt. In einer Vase sind die Stiele kurz geschnitten und die Blüten schwimmen auf dem Wasser, in der anderen neigen sich die langen Stiele schräg zu einer Seite.

FRISCHE BLUMEN können auffallend oder zurückhaltend sein, als Blickfang dienen oder sich in die Raumgestaltung integrieren. Manche haben eine architektonische Form, derer ich nie überdrüssig werde, etwa Calla und Orchideen. Andere bieten sich für Farbakzente an, beispielsweise dicht gefüllte, rote Rosenknospen. Ich gebe zu, dass ich mit Blumen rigoros umgehe. Mir gefallen sie am besten im Knospenstadium – wenn sie aufblühen, werfe ich sie oft hinaus. Ich habe auch keine Scheu, die Stiele radikal zu kürzen, sodass man sie für lineare Arrangements verwenden kann, etwa in einer Reihe von Reagenzglas-Vasen.

Man sollte sich von dem überkommenen Begriff der »Blumen« lösen und in diese Kategorie auch Zwiebelgewächse, Früchte, Gemüse, Blätter, Gräser und Moos einschließen. Wer morgens früh über den Blumenmarkt geht, sollte sich auch einmal bei den Gemüseständen umsehen. Äpfel, Artischocken, rote Zwiebeln und Litschis sehen hinreißend aus, wenn man sie auf Hochglanz poliert. Auch die Formen von Stangensellerie, Blumenkohl und Artischocken bieten sich für interessante Dekorationen an.

In gestalterischer Hinsicht eignen sich Blumen ausgezeichnet, um mit Proportionen zu spielen. Man könnte beispielsweise einen üppigen Rosenstrauß in einer Ecke eines Schlafzimmers platzieren und als optisches Gegengewicht zwei Blüten in einem Plexiglas-Kasten auf einem Nachttisch aufstellen. So entsteht auf wunderbar subtile Weise eine Verbindung zwischen den beiden Bereichen des Raums.

Die Art der Gruppierung entscheidet über die Wirkung von Blumen. Diese beiden Sträuße aus weißen Tulpen mit umwickelten Stielen sind der Form und Größe ihrer Vasen perfekt angepasst. Die grüne Glasschale rechts greift die Farben des Stilllebens auf.

RECHTS Blumen sollten ein Teil der Raumgestaltung sein und nicht isoliert betrachtet werden. Hier wiederholen die hohen Calla-Stiele die organisch geschwungene Form der Stehlampen. Gemeinsam bilden Blumen und Lampen einen optischen Gegenpol zu den betont niedrigen Sitzmöbeln.

Adressen

TEXTILIEN

ANITA PAVANI
Ludwig-Rinn-Straße 14–16
35452 Heuchelheim
Tel. 06 41 / 96 28 20
Stoffe

**BIGGIE BEST TOWN
& COUNTRY INTERIOR**
Uhlandstraße 20–25
10623 Berlin
Tel. 0 30 / 88 70 97 30
Stoffe, Tapeten und mehr

CHRISTIAN FISCHBACHER
Simonshöfchen 27
42327 Wuppertal
Tel. 02 02 / 73 90 90
www.fischbacher.ch
Stoffe

CRÉATION BAUMANN
Paul-Ehrlich-Straße 7
63128 Dietzenbach
Tel. 0 60 74 / 3 76 70
www.creationbaumann.com
Wohnstoffe

CROWSON FABRICS
über Gross Raumausstatter
Sebastianstraße 34
53474 Bad Neuenahr
Tel. 0 26 41 / 94 85-0
www.crowsonfabrics.com
Wohnstoffe

DESIGNERS GUILD
Dreimühlenstraße 38 a
80469 München
Tel. 0 89 / 23 11 620
www.designers-guild.com
Tapeten, Farben, Stoffe

DONGHIA
Grüner Sand 51
32107 Bad Salzuflen
Tel. 0 52 22 / 9 12 90
Fax 0 52 22 / 91 29 46
Stoffe

GUDRUN SJÖDÉN GMBH
Nibelungenstraße 13
90511 Zirndorf
Tel. 09 11 / 96 06 90
www.gudrunsjoeden.de
Wohnstoffe

INTERIEUR
Postfach 13 09
48633 Coesfeld
Tel. 0 25 41 / 73 42 00
Stoffe

JAB ANSTOETZ
Potsdamer Straße 160
33719 Bielefeld
Tel. 05 21 / 20 93-0
Wohnstoffe, Tapeten

K.A. INTERNATIONAL
Bezugsquellen über Offtake GmbH
Meisengasse 30
60313 Frankfurt / Main
Tel. 0 69 / 13 81 31 10
www.ka-international.de
Wohnstoffe

LAURA ASHLEY
Fulham
GB-SW6 2QA London
Händlerverzeichnis unter
Tel. +44 (0)2 11 / 86 22 87 00
www.laura-ashley.com
Wohnstoffe, Tapeten, Accessoires, Möbel

MARIMEKKO GMBH
Rheinstraße 19
60325 Frankfurt/Main
Tel. 0 69 / 749 084
www.marimekko.fi
salesoffice@marimekko.de
Wohntextilien, Accessoires, Kleidung
Händler-Suchfunktion auf der Website

NYA NORDISKA
Postfach 1280
29446 Dannenberg
Tel. 0 58 61 / 80 90
www.nya.de
Stoffe

OSBORNE & LITTLE
304–308 Kings Road
GB-SW3 5UH London
Tel. Deutschland 0 89 / 23 66 00-0
www.osborneandlittle.com
Stoffe

M. ZELLNER GMBH
Gutenbergstraße 11
96247 Michelau
Tel. 0 95 71 / 97 97 0
Deko- und Möbelstoffe, Kunstleder

ZIMMER & ROHDE
Postfach 12 45
61402 Oberursel
Tel. 0 61 71 / 6 32 02
www.zr-group.com
Wohnstoffe

WAND-GESTALTUNG

BUSBY & BUSBY
über FDC Handelsagentur
Schillerstraße 18
60313 Frankfurt/Main
Tel. 069 / 73 99 87 78
Tapeten

CLUB CRÉATION CC WOHNDECOR
Potsdamer Straße 160
33719 Bielefeld
Tel. 05 21 / 9 25 99 00
Tapeten

FARROW & BALL
über
FRIEDRICH KREMP
Hildastraße 7
79102 Freiburg
Tel. 07 61 / 3 32 50

FAUSEL, BISKAMP GMBH
Kasernenstraße 6
40213 Düsseldorf
Tel. 02 11 / 9 77 63-0

A. WILH. MAYER U. SOHN
Warnstedtstraße 16k
22525 Hamburg
Tel. 0 40 / 5 47 30 40

HAUTE DECO-INTERIORS
Blankeneser Bahnhofstraße 29b
22587 Hamburg
Tel. 0 40 / 63 60 89 40
Tapeten und Farben

FIRED EARTH
Twyford Mill
Oxford Road
Adderbury
Oxfordshire OX17 3HP
Tel. +44 (0) 12 9581 2088
www.firedearth.com

Vertrieb Deutschland:
fired earth
30916 Isernhagen
Farben (u.a. Kelly-Hoppen-Kollektion),
Tapeten, Fliesen

ULF MORITZ TAPETEN
über Marburger Tapetenfabrik
J. B. Schaefer GmbH & Co. KG
Bertram-Schaefer-Straße 11
35274 Kirchhain
Tel. 0 64 22 / 810

BODENBELÄGE

ABET GMBH
Füllenbruchstraße 189
32051 HERFORD
Tel. 0 52 21 / 34 77-0
Fax 0 52 21 / 3 31 96
www.abet.de
Hochdrucklaminate

AMTICO INTERNATIONAL GMBH
Im Taubental 11
41468 Neuss
Tel. 0 21 31 / 3 59 16-0
www.amtico.com
Steinreplikate, Holz, Schiefer, Glas, Metall

BISAZZA DEUTSCHLAND
Showroom Kantstraße 150
10623 Berlin
Tel. 0 30 / 3 1 01 95-50
Fax 0 30 / 3 1 01 95-71
INFO5@BISAZZA.COM
www.bisazza.com
Mosaik-Fliesen

DLW AKTIENGESELLSCHAFT
74319 Bietigheim-Bissingen
Tel. 0 71 42 / 71 676
Fax 0 71 42 / 71 840
Linoleum

FLAGSTONE
über:
Zippelhaus 2
20457 Hamburg
Tel. 0 40 / 30 39 98 98

Fidicinstraße 8
10965 Berlin
Tel. 0 30 / 69 04 13 35

Innere Wiener Straße 11
81667 München
Tel. 0 89 / 48 95 38 82
Antike & neue Natursteine,
Terrakotta & Mosaike

FORMICA VERTRIEBS-GMBH
Belgische Allee 9
53842 Troisdorf (Spich)
Tel. 0 22 41 / 95 20-0
Fax 0 22 41 / 95 20 30
e-mail musterservice_formica@formica-europe.com

JAEGER & STIPAK
Ulmer Straße 30/1
73728 Esslingen
Tel. 07 11 / 3 16 44 68
Fax 07 11 / 3 16 44 69
Bodenbeläge

JUNCKERS PARKETT GMBH
Heinrichstraße 169
40239 Düsseldorf
Holzböden

KÖLNBERGER GMBH & CO. KG
Gut Hausen
Hausener Gasse
52072 Aachen
Tel. 02 41 / 1 32 71
Antike Böden (Stein und Holz)

PERSCH
Antike Baumaterialien
und Inneneinrichtungen
An der B5 Nr. 11
25920 Risum-Lindholm
Tel. 0 46 61 / 51 11
www.persch.com
Bodenplatten, Holzdielen

WICANDERS
über Carl Ed. Meyer
Berner Straße 55
27751 Delmenhorst
Tel. 0 42 21 / 5 93 01
Schiffsboden

DER FUSSMATTEN-SHOP
Heinz Spenkuch
Lappenbergsallee 10
20257 Hamburg
Tel. 0 40 / 41 11 36 14
www.dreckstueckchen.de
Fußmatten mit individuellen Aufdrucken

MÖBEL UND ACCESSOIRES

ANNA FLÖTOTTO
Am Ölbach 28
33334 Gütersloh
Tel. 0 52 41 / 94 05-0
www.annafloetotto.de

BO CONCEPT
Club 8 Company A/S
Mørupvej 16
DK-7400 Herning, Dänemark
Tel. +45 70 13 13 66
www.boconcept.com
Modernes skandinavisches Design. Händler weltweit, Suchfunktion nach Orten auf der Website

BRETZ BROTHERS
Alexander-Bretz-Straße 2
55457 Gensingen
Tel. 0 67 27 / 89 50
www.cultsofa.com

CABINET SCHRANKSYSTEME AG
Postfach 7125
50150 Kerpen
Tel. 0 22 75 / 92 03 60
Fax 0 22 75 / 92 03 65
www.cabinet.de
Stauraumlösungen

DOMICIL
Bäuerlinshalde 48
88131 Lindau
Tel. 0 83 82 / 96 20-20
www.domicil.de

FORM EXCLUSIV
Poppenbeck 72
48329 Havixbeck
Tel. 0 25 07 / 98 57-0
www.form-exclusiv.de

FÖRSTER & HAHN
Osterstraße 31
30159 Hannover
Tel 0 51 / 13 06 81 88
Produkte von B&B Italia.

FRANTA
Maastrichter Straße 18
50672 Köln
Tel. 0 221 / 52 88 55
www.franta.de
Möbelklassiker aus dem 20. Jahrhundert, skandinavisches Design

GUNTHER LAMBERT
Konstantinstraße 303
41238 Mönchengladbach
Tel. 01 80 / 5 00 95 95
www.lambert-home.de

HÜLSTA
48702 Stadtlohn
Tel. 0 25 63 / 12 73
www.huelsta.de

KNOLL INTERNATIONAL GMBH
Gottlieb-Daimler-Straße 35
71711 Murr (Stuttgart)
Tel 0 71 44 / 2 01-0
Fax 0 71 44 / 20 12 11
www.knoll.com
Möbel von Marcel Breuer, Eero Saarinen, Ettore Sottsas, Mies van der Rohe

KOINOR POLSTERMÖBEL
96247 Michelau
Fax 0 95 71 / 8 37 03
www.koinor.de

OCTOPUS HANDELS-GMBH
Lehmweg 10B
20251 Hamburg
Tel. 0 40 / 4 20 11 00
Fax 0 40 / 4 20 12 00
www.octopus-versand.de
Frei stehende Küchenschränke und andere Möbel

PHILIPP PLEIN
Hebelstraße 2
90491 Nürnberg
Tel. 09 11 / 59 90 67
www.philipp-plein.com

ROCHE BOBOIS
Berliner Allee 59
40212 Düsseldorf
Tel. 02 11 / 86 32 64-0
www.roche-bobois.de

ROSET MÖBEL GMBH
Postfach 1230
79191 Gundelfingen
Tel. 07 61 / 5 92 09-0
www.ligne-roset.de

THE IRON BED COMPANY
Hochstraße 15
60313 Frankfurt/Main
0 18 05 / 21 45 47
www.BedCompany.de

VITRA GMBH
Feuerbachstraße 9
79576 Weil am Rhein
Tel. 0 76 21 / 70 20
www.vitra.de
Möbel von Charles Eames, Vernor Panton, Jaspar Morrison, Michele de Lucchi und Ron Arad.

WK WOHNEN
Föhrengrund 12
21224 Rosengarten
Tel. 07 11 / 99 06-0

BELEUCHTUNG

ARTEMIDE GMBH
Itterpark 5
40725 Hilden
Tel. 0 21 02 / 20 00-0
Fax 0 21 03 / 20 00-11
Arbeitsleuchten und atmosphärisches Raumlicht

BACCARAT
über Erika Helmuth PR
Marienterrasse 4
22085 Hamburg
Tel. 0 40 / 220 66 65
www.baccarat.fr
u. a. Kronleuchter

ERCO LEUCHTEN GMBH
Brockhauser Weg 80-82
58507 Lüdenscheid
Tel. 0 23 51 / 55 10
Fax 0 23 51 / 55 13 00
e-mail info@erco.com
www.erco.com

SARAH FINN LIGHT & LIVING
Raiffeisenstraße 2
83629 Weyarn
Tel. 0 80 20 / 90 49-40
www.sarah-finn.de

NICO HEILMANN LICHTOBJEKTE
Clausiusstraße 74
CH-8006 Zürich
Tel. +41 (0) 12 61 88 30
www.lightobjects.ch

KREON NORD GMBH
Hopfensack 19
20457 Hamburg
Tel. 0 40 / 30 39 98 87
www.kreon.com
Leuchten

LUXO DEUTSCHLAND GMBH
Daimlerring 25
31135 Hildesheim
Tel. 0 51 21 / 70 60-0
Fax 0 51 21 / 5 29 10 + 5 29 22
Design-Klassiker

INGO MAURER
Kaiserstraße 47
80801 München
Tel. 0 89 / 381 60 60
Leuchten

LOUIS POULSEN
Nyhavn 11, PO Box 7
DK-1001 Kopenhagen, Dänemark
Tel. +45 33 14 14 14
@ www.louis-poulsen.dk

LOUIS POULSEN & CO. GMBH
Westring 13
40721 Hilden
Postfach 100750
Tel. 0 21 03-940-0
Telefax 0 21 03 / 9 40-290 + 291
e-mail lp-germany@lpmail.com

LOUIS POULSEN AG
Zürcherstraße 125
CH-8952 Schlieren
Tel. +41 / 1 733 70 40
Telefax + 41 / 1 733 70 50
e-mail louis-poulsen-ch@lpmail.com
Skandinavische Designklassiker

WIBRE ELEKTROGERÄTE
Edmund Breuninger
Liebigstraße 9
74211 Leingarten
Tel. 0 71 21 / 9 05 30
www.wibre.de
Beleuchtung, u.a. Bodeneinbaustrahler

FENSTER-DEKORATIONEN

ADO-GARDINEN
Postfach 20 00
26884 Aschendorf / Ems
www.ado-international.de

SILENT GLISS GMBH
Rebgartenweg 5
79576 Weil am Rheim
Tel. 0 76 21 / 6 60 70
Fax 0 76 21 / 66 07 37
www.silentgliss.de

WENDY CUSHING TRIMMINGS (EXPORT)
36 Millmead Business Centre,
Tottenham Hale
GB-N17 9QU London
Tel. +44 (0)20 / 88 80 94 41
www.wendycushingstrimmings.com
Posamente und Zubehör
für Fensterdekorationen und Wohntextilien

BAD UND KÜCHE

ANTONIO LUPI DEUTSCHLAND
Lindenstraße 45
74172 Neckarsulm
Tel. 0 71 32 / 99 26 00
www.antoniolupi.com
Designer-Sanitärobjekte

AQUAMASS
Avenue Kersbeeklan 280
B-1190 Brüssel
www.aquamass.com
Wannen aus Lavastein

BATH & HOME
Fedelhören 12–13
28203 Bremen
Tel. 04 21 / 32 66 99
www.bathandhome.de
Frei stehende Wannen,
trad. Badausstattung

ARC LINEA – TECHNOLOGIA CREATIVA
Ernst-Abbe-Straße 11
56070 Koblenz
Tel. 02 61 / 88 42 80
Fax 02 61 / 80 57 93
Italienisches Küchendesign

BULTHAUP GMBH & CO.
Werkstraße 6
84153 Aich
Tel. 0 87 41 / 8 00
Fax 0 87 41 / 803 09
www.bulthaup.de
Moderne Kücheneinrichtungen
(Holz, Edelstahl, Glas)

DAS KÜCHENREICH
Rohrmann GmbH
Hofweg 47
22085 Hamburg-Uhlenhorst
Tel. 040 / 22 74 32- 0
Fax 040 / 22 74 32 12
Englische Armaturen, Belfast-Sinks

ROBINSON & CORNISH OHG
Gewerbestraße 4
3233 9 Espelkamp
Tel. 0 57 43 / 92 99 40
Fax 057 43 / 92 99 49
Handgefertigte englische Küchen

KAMINE

HARK GMBH & CO. KG
Hochstraße 197–201
47228 Duisburg (Rheinhausen)
Tel. 0 20 65 / 9 97-0
www.hark.de

HARK AG
Obergrundstraße 44
CH-6003 Luzern
und
Badener Straße 808
CH-8048 Zürich

CVO FIREVAULT
36 Great Titchfield Street
London WW1 8BQ, UK
Tel +44 (0) 20 7580 5333
Fax +44 (0) 20 7255 2234
www.cvo.co.uk
enquiries@cvofirevault.co.uk

ACCESSOIRES UND DEKORATIONEN

CEPEWA GMBH
Max-Planck-Straße 10A
61184 Karben
Tel. 0 60 39 / 93 88-0
www.cepewa.de
Accessoires, Textilien, Deko

DEKO FLORALE SPERLING IMPORTE GMBH
Am Vitusbach 5
21400 Reinstorf
Tel. 0 41 37 / 8 21 11-39
info@sperlingimporte.de
Textile Floristik

DER FUSSMATTENSHOP
Lappenbergsallee 10
20257 Hamburg
Tel. 0 40 / 41 11 36 14
www.dreckstueckchen.de
Unkonventionelle Fußmatten

DER SCHLONDES
Bergstraße 20
56235 Ransbach-Baumbach
Tel. 0 26 23 / 22 71
www.derschlondes.de
Antiquitäten, Keramik,
Kunsthandwerk

FELDMANN GMBH
Wittgensteiner Straße 123
57271 Hilchenbach
Tel. 0 27 33 / 69 30-0
info@feldmann-gmbh.de
Accessoires, Geschirr

JOKER IMPORT BV
De Maessloot 3
NL-2231 PX Rijnsburg
Tel. +31 (0) 71 40 / 80 210
Accessoires, Newgate-Clocks

KAHEKU SCHÖNES WOHNEN
Käthe-Paulus-Straße 11+13
31137 Hildesheim
Tel. 0 51 21 / 75 40-0
www.kaheku.com
Accessoires, Glas

MEISSENER PORZELLANMANUFAKTUR
Talstraße 9
01662 Meißen
Tel. 0 35 21 / 46 83 02
www.meissen.de

MÜNDER-EMAIL GMBH
In der Masch 13
31867 Pohle
Tel. 0 50 43 / 97 36 60
www.muender-email.com
Hausnummern, Schilder etc.

MYTILUS FLORISTIK ART CLAUDIA JESSEN
Kalenbarg 1a
22549 Hamburg
Tel. 0 40 / 69 79 01-0
Mytilusfloristikart@t-online.de
Floristik, Dekoration

ORNAMENTA SINNENWERKSTATT
Bundesstraße 77
20144 Hamburg
Tel. 0 40 / 54 76 75 08
www.sinnenwerkstatt.de
Accessoires, Textilien

RENATE BODE
Lottbeker Weg 61
22397 Hamburg
Tel. 0 40 / 6 05 09 86
Textile Floristik

SINE TEMPORE
Schmidtstraße 67
60326 Frankfurt
Tel. 0 69 / 75 80 88 33
www.sinetempore.de
Accesoires, Textilien

TROPICA
Winzenheimer Straße 30
55559 Bretzenheim
Tel. 06 71 / 83 41 80
info@tropica-floristik.de
Textile Floristik

XTRA ART
Fehlandtstraße 43 / Colonnaden
20354 Hamburg
Tel. 0 40 / 35 71 28 27
www.xtra-art.de
Ethno-Textilien, asiat. Antiquitäten

BEZUGSQUELLEN FÜR KELLY-HOPPEN-DESIGN

FIRED EARTH LTD
Tywford Mill, Oxford Road
Adderbury
GB-Oxfordshire OX17 3HP
Tel: +44 (0) 12 95 81 20 88
www.firedearth.com

Vertrieb Deutschland:
FIRED EARTH
30916 Isernhagen
Tel. 0 51 39 / 89 37 14
Fax 0 51 39 / 89 37 15
Kelly-Hoppen-Farben
Nur Lager / Verkauf, kein Showroom

HOLLAND & SHERRY
9–10 Saville Row
GB-London WS1 3PF
Tel: +44 (0) 20 / 74 37 04 04
enquiries@hollandandsherry.co.uk
Kelly-Hoppen-Textilkollektion, Wolle, Kaschmir

KELLY HOPPEN INTERIORS
2 Munden Street
GB-London W14 0RH
Tel: +44 (0) 20 / 74 71 33 50
www.kellyhoppen.com
Studio für Raumdesign

KELLY HOPPEN SHOP
175–177 Fulham Road
GB-London SW3 6JW
Tel: +44 (0) 20 / 73 51 19 10
www.kellyhoppen.com
Kelly Hoppen Shop

KLC SCHOOL OF DESIGN
Unit 503 The Chambers Chelsea Harbour
GB-London SW10 0XF
Tel: +44 (0) 20 / 7376 3377
www.klc.co.uk
Kelly-Hoppen-Meisterklasse

SILENT GLISS GMBH
Rebgartenweg 5
79576 Weil am Rhein
Tel. 0 76 21 / 66 07-0
www.silentgliss.de
Fensterdekorationen

WATERFRONT
6-7 Hale Trading Estate
Lower Church Lane
GB-Tipton
West Midlands DY4 7PQ
Tel: +44 (0) 121 / 5 20 53 46
www.waterfrontbathrooms.com
Kelly-Hoppen-Armaturen
und Badezimmerausstattung

WEDGWOOD
Barlaston
GB-Stoke-on-Trent ST12 9ES
Tel: +44 (0) 17 82 / 20 41 41
www.wedgwood.com
Porzellan, u.a. Designerkollektionen
von Kelly Hoppen, Jasper Conran,
Paul Costelloe

Register

Ablaufplan 36
Accessoires 44, 67, 144
   Kissen 136
   Sand 86
   Taupe 80
   Weiß 94, 96
Akzentfarben
   Sand-Kombinationen 84, 88, 89
   Taupe-Kombinationen 82, 83
   Weiß-Kombinationen 94, 99
Ankleidezimmer 27, 66
   Einbauschränke 121
   maßgetischlerte Einbauschränke 124
   Shoji-Paneele 132
   Türen 122
Aquarium 57, 121
Arbeitsflächen 44
Arbeitslicht 49, 106, 111
Arbeitszimmer 54, 55
Architekten
   Beleuchtung 104, 107
   Fensterdekorationen 130
   Flure und Dielen 56–58
   Raumanalyse 36
   Raumelemente 36
   Symmetrie und Ausgewogenheit 71
   Türen 123
Asymmetrie 14, 69, 71
   Bilder 154, 156
Atmosphäre 6, 63, 158
   Beleuchtung 49, 102, 103, 106, 111
   Bühne 27
   Kissen 139
   Kopfteil (Bett) 134
   Stoffe 129
   WC 52
   Weiß-Kombinationen 97
Atrium 39, 71, 104
Aufbewahrung
   Arbeitszimmer 55
   Badezimmer 49, 50
   Einbauschränke 121
   WC 52
Aufriss, Zeichnung 36, 39
Ausgewogenheit 68–71
   Beleuchtung 104
   Fensterdekorationen 132
   Kissen 138
   Maßstab und Proportion 66
   Nischen 148
   Präsentation 144, 145, 158
   Regale 150

Badewannen 27, 49, 96
Badezimmer 48–51
   Accessoires zu Sand 86
   Atmosphäre 63
   Bühne 27
   Farben 52
   Fensterdekorationen 132
   Lieblingsstücke 29
   Luxus 23
   Marmor 17
   WC 52
Balkon 60
Barhocker 45
Beleuchtung 36, 43, 74, 103, 106
   Atmosphäre 49, 63
   Badezimmer 49
   Bezugspunkte 39
   Bühne 27
   dekorative 108–113
   Faseroptik 14, 43, 44, 63, 93, 103, 152
   Funktionslicht 49
   Konzept 100–107
   Küchen 43
   Schlafzimmer 46
   Symmetrie und Ausgewogenheit 69
   Terrassen 61
Bettdecken 134, 135, 140
Betten 46, 64, 69, 80, 139
Bilder 154
   Creme-Kombinationen 90
   maßgetischlerte Einbauschränke 124
   Präsentation 144
   Rahmen 18
   Symmetrie und Ausgewogenheit 69, 71
Bodenbeläge 40, 64
   Badezimmer 49
   Flure und Dielen 56
   glänzende 18, 36
   Harz 52
   Holz 43, 79, 84
   Ideensammlung 117
   Küchen 43, 44
   Marmor 36, 97
   Naturstein 43
   Parkett 36
   Sand-Kombinationen 84, 89
   Terrassen 60
   Terrazzo 92
Bronze 86, 89, 99
   Tisch 18, 40
   und Holz, Schrank 21
   Wandlampen 111
Bücher 21, 55
   Präsentation 144, 146, 160
   Regale 93, 150
Bücherregale 55, 121
Budget 36, 44
Bühne 26–29

Chagrin-Leder 22, 80, 82, 83
Chrom
   Beschläge 50, 51, 80
   Creme-Kombinationen 93
   Möbel 23, 24, 28, 74
   Taupe-Kombinationen 76, 79, 80
   Weiß-Kombinationen 96
Couchtisch 19, 40, 67
Creme 74, 90–93
   Sand-Kombinationen 89
Creme-Kombinationen 90, 92

Bilder 154
Fensterdekorationen 132
Kopfteil (Bett) 134
Läufer 140
Maßstab und Proportion 65, 67
Sand-Kombinationen 87
Stoffe 128, 129
Symmetrie und Ausgewogenheit 69
Taupe-Kombinationen 79, 80
Weiß-Kombinationen 94, 97
Wohnzimmer 40

Dachgarten 61
Decken und Überwürfe 14, 140
   Fensterdekorationen 132
   Kissen 138
   Schaffell 135, 138
   Stoffe 129
Drehstuhl 46
Dusche 24, 49, 51

Edelstahl 44, 76, 80, 156
Eiche 27, 88
Einbauschränke 121, 124
   Arbeitszimmer 55
   Badezimmer 49
   Beleuchtung 107
   Eiche 27
   Flure und Dielen 57
   maßgetischlerte 116, 117
   Maßstab und Proportion 64
   Sandfarben 84
   Symmetrie und Ausgewogenheit 64
Einbauten 146
   Arbeitszimmer 55
   Badezimmer 49, 59
   Bronze und Holz 21
   Esszimmer 14
   Präsentation 144
   Wengé 50, 52, 146
   Wohnzimmer 40
Eingangsbereich 27, 36
Eisenlampe 18
Elfenbein 89
Endstücke, Vorhangstangen 130, 132
Esszimmer 42, 43, 92
   abendlich 43, 63
   Arbeitszimmer 55
   Atmosphäre 63
   Bühne 27
   Luxus 24
   Maßstab und Proportion 66
   Nischen 148
   Symmetrie und Ausgewogenheit 71

Farben 72–99
   Atmosphäre 63
   Blumen 165
   Bühne 27
   Creme-Kombinationen 90–93
   Fensterdekorationen 130
   Flure und Dielen 56

Glas-Vasen 163
globale Einflüsse 21
Kissen 136, 138, 139
Küchen 45
Maßstab und Proportion 66
Nischen 148
Regale 150, 152
Rohweiß-Kombinationen 90–93
Sand-Kombinationen 84–89
Stoffe 128, 129
Symmetrie und Ausgewogenheit 69, 71
Taupe-Kombinationen 76–83
Terrassen 60
Tischplatte, Präsentation 158, 160
Türen 122
WC 52
Weiß-Kombinationen, 94–99
Felldecke 140
Fenster 39, 69, 74, 130–133
   Beleuchtung 104
   Flure und Dielen 56
   japanischer Stil 130
   Raumelemente 36
   WC 52
   Weiß-Kombinationen 99
Fernöstlicher Einfluss 10, 18, 21, 51
   maßgetischlerte Einbauschränke 124
   Nischen 148
   Stühle 58
   Türen 123
Fliesen 52, 96
Flure und Dielen 27, 36, 56–59
   Beleuchtung 104
   rund 71
   Türen 123
Fluter 148
Form
   Atmosphäre 63
   Bühne 27
   Maßstab und Proportion 66
   Symmetrie und Ausgewogenheit 69
   Terrassen 60
Formschnitt 60, 76
Fotografien 18, 154
   Beleuchtung 104, 105, 107, 111
   fernöstlicher Einfluss 21
   Flure und Dielen 58
   Maßstab und Proportion 65, 66
   Rahmen 69
   Regale 150, 152
   Sammlungen 43
   Schlafzimmer 46
   Taupe-Kombinationen 76
   Wohnzimmer 40
Funktion 32–33
Fußboden, versenkte Strahler 111, 112, 166

Garten und Terrasse 60
Gästebad 29, 52, 87
   Nischen 148

Türen 123
Geländer 56
Gemälde
   Creme-Kombinationen 93
   Maßstab und Proportion 64
   Präsentation 144
   Regale 150
   Taupe-Kombinationen 76
   Weiß-Kombinationen 96
Glas 67
   Arbeitszimmer 55
   Creme-Kombinationen 93
   Deckenbeleuchtung 66
   dekorative Beleuchtung 112
   Geländer 56
   Heizkörperverkleidung 23
   Kästen 52
   Küchen 44
   Kunstobjekte 40, 86
   Lampenfuß 80
   Milchglas 51
   mundgeblasen 14, 43
   Murano 51, 75, 80, 148
   Oberlicht 104
   Paneele 21, 36, 45, 71, 104, 123
   plastische Dekorationen 14
   Präsentation 144
   Sichtschirm 50
   Spritzschutz 44
   Taupe-Kombinationen 79, 80
   Terrassen 60
   Türen 51, 122
   Waschbecken 50, 52
   Weiß-Kombinationen 94, 96
Glasgefäße 43, 83, 89, 103
   fernöstlicher Einfluss 21
   Kunstobjekte 128
   mundgeblasen 146, 150, 162
   Präsentation 144, 146
   Vasen 162, 163
   zylindrische 17, 65
globale Einflüsse 10, 18–21
Granit 23, 44
Griffe 121–124
Grundriss 36, 39

Handwerk, Tischlerei 39, 58, 71
   Einbauschränke 121, 124
   Türen 122
Harz, Bodenbelag 17, 52
Heimbüro 55, 63
Heizkörper 23, 39
Holz 14, 88
   Badezimmer 50
   Beleuchtung 107
   Einbauschränke 121
   Fensterdekorationen 132
   Flure und Dielen 56, 57
   Fußböden 44, 64, 79, 84
   gedrechselt 43
   Knöpfe 138
   Kopfteil (Bett) 134
   Küchen 44, 45
   maßgetischlerte Einbauschränke 124

Paneele 52, 87
Sand-Kombinationen 84, 86, 89
Skulptur 67
Sockel 21, 52
Stühle 43
Tabletts 158
Taupe-Kombinationen 79, 80, 82, 83
Tisch 74
Toilettensitz 52
Töpfe 64
Trommeln 18, 86
Türen 122
Vase 163
warme Texturen 75
Weiß-Kombinationen 96
Holzdeck 60

Ideensammlung 14, 117
Kissen 138
Stoffe 129

Kamin 39
Atmosphäre 63
Beleuchtungskonzept 103
Creme 93
Maßstab und Proportion 65, 66
Schlafzimmer 46
schwarzer Marmor 66
Stein 18
Wanddekorationen 156
Wohnzimmer 40
Kinderzimmer 112
Kissen 63, 136–139
Farbe und Textur 74
Stühle und Sessel 58
Tagesdecken 135
Kleiderschränke 66
Knöpfe
Horn 80, 83, 87, 92
Kissen 136, 138
Perlmutt 24, 82, 88
Konsole 18, 154, 160
Kopfteil (Bett) 12, 134, 135, 140
Symmetrie und Ausgewogenheit 69
Koralle 14, 146, 148
Kugelvasen 14, 21, 162, 163
Körbe 51
Korbmöbel 63
Kristall-Kronleuchter 28
Kristall-Lampen 106, 111, 112
Kristall-Türgriff 23, 124
Kronleuchter 64, 104, 111, 112
Esszimmer 43
Kristall 28
Küchen 8, 43–45
Beleuchtung 104
Lieblingsstücke 28
Luxus 24
Nischen 14
Kücheninsel 44, 45
Kugelvasen 49, 89, 162
Blumen 164
Läufer 140
Präsentation 146, 160
Regale 152
Kunst
Beleuchtung 103, 104, 107
Beziehungen, visuelle 39
Bilder 154
Lieblingsstücke 28

Weiß 94
Wohnzimmer 40

Lampen 66, 69, 74, 111, 112
bewegliches Gestell 152
Eisen 18
Stehlampen 63, 111
Tischlampen 107
Wandlampen 46
Weiß-Kombinationen 96
Lampenfüße 80
Lampenschirme 46, 63, 87, 112, 154
Läufer 134, 140
Fensterdekorationen 132
Natur, Inspirationen 14
Stoffe 129
Leder 89, 94, 99
Fensterdekorationen 130
Fußboden 43, 44
Griffe 27
Kissen 138
Kopfteil (Bett) 12
maßgetischlerte Einbauschränke 124
Möbel 28, 74, 84, 140
Polstermöbel 24, 99
Türen 122
Leinen 14, 75, 129
Bettdecken 63, 134
Creme-Kombinationen 90, 92
Glaspaneele mit Leinen 21
Kissen 138
Kopfteil (Bett) 134
Lampenschirme 63
Läufer 140
Luxus 22, 23
Sand-Kombinationen 86, 88, 89
Schiebevorhänge 21
Taupe-Kombinationen 79, 82, 83
Vorhänge und Gardinen 12, 42, 103
Weiß-Kombinationen 99
Leselampen 63, 65
Licht 14, 64, 65, 71
Accessoires zu Taupe 80
Aufriss 39
Creme 90
Deckenlampen 27, 36, 43, 52, 66
dekorative Lampen 46, 103
Flure und Dielen 56, 58
Fußboden 111, 112
globale Einflüsse 21
lesen 63, 65
Lieblingsstücke 28, 29
Metall 43, 45, 112
Wandlampen 111, 112
Weiß-Kombinationen 94, 96, 97
Lichthof 39, 71, 104
Lieblingsstücke 28, 29

Marmor 75
Badezimmer 17
Diele 71
Fußboden 36, 97
Kamin 66
Küchen 44
Luxus 24
Weiß-Kombinationen 96, 99
Maßstab und Proportion 64–67
Bilder 154
Blumen 165
Grundriss und Aufriss 39
Kissen 136

Lieblingsstücke 29
maßgetischlerte Einbauschränke 124
Regale 150
Symmetrie und Ausgewogenheit 69, 71
Tischplatte, Präsentation 158
Vasen 162
Minimalismus 124, 134
Möbel 36, 39, 43, 69, 71
Badezimmer 49
Chrom 23, 24
Esszimmer 43, 92
Korb 63
Leder 84
Lieblingsstücke 28
Plexiglas 76
Präsentation 146
Stauraum 55
Terrassen 60
vorhandene 117
Wengé 79
Wohnzimmer 40
Murano-Glas 51, 75, 80, 148
Muscheln 14, 146

Nachttische 46
Natur, Welt der 10, 14–17

Paneele
Badezimmer-Wände 51
Glas 45, 71, 104, 123
Holz 87
maßgetischlerte Einbauschränke 124
Shoji-Paneele 42, 64, 86, 128, 129, 130, 132
Perlmutt 24, 82, 136, 138
Luxus 22
Sand-Kombinationen 88, 89
Taupe-Kombinationen 80
Pflanzkübel 60, 61, 66, 71
Plexiglas 24
Beleuchtung 43
Kästen 148, 165
Klavier 29
Möbel 76
Stühle 55
Tablett mit Blumen 165
Weiß-Kombinationen 96
Polster 135, 136–139
Polsterung / Wattierung 63, 116, 124
Fensterdekorationen 132
Kissen 138
Leder 24, 99
Möbel 46, 49, 55
Sand-Kombinationen 84, 87
Stoffe 128, 129
Tagesdecken 134
Türen 23
Wand 23
Porzellan 49, 75, 89, 111
Präsentation 52, 55, 71, 144, 145
Bilder 154
Blumen 165
Einbauschränke 121
Fensterdekorationen 133
Nischen 148
Regale 150, 152
Tischplatte 158
Wandbefestigung 156

Lieblingsstücke 29
maßgetischlerte Einbauschränke 124
Regale 150
Symmetrie und Ausgewogenheit 69, 71
Tischplatte, Präsentation 158
Vasen 162

Rattan 124, 138
Raum 32, 33, 153
analysieren 36–39
Arbeitszimmer 54, 55
Badezimmer 48–51
Esszimmer 42, 43
Flure und Dielen 56–59
Küchen 44, 45
Schlafzimmer 46, 47
Terrassen 60, 61
WC 52, 53
Wohnzimmer 40–43
Regale 150–153
Badezimmer 50
Beleuchtungskonzept 103
Creme 93
Dusche 51
Einbauschränke 121, 146
Flure und Dielen 58
Nischen 148
Präsentation 144, 145
Symmetrie und Ausgewogenheit 69
Vasen 163
WC 52
Weiß-Kombinationen 96
Wohnzimmer 40
Würfel 146
Renovieren 6, 89
Rohrleitungen 49, 61
Rohweiß-Kombinationen 90–93
Rollos und Jalousien 130, 132
Arbeitszimmer 55
Farbe und Textur 74
Fensterläden 94
japanischer Stil 130
Lamellen-Jalousien 96
Leinen 21
Schlafzimmer 46
Shoji-Paneele 21, 55, 74

Samt 75, 134, 135, 138
Fensterdekorationen 132
Taupe-Kombinationen 82, 83
Weiß-Kombinationen 94, 97
Sand 14, 84–89,
gestalten mit 88, 89
Kombinationen 86, 89, 98
Kugelvase 162
Nischen 148
Präsentation 146
warme Farben 74, 75
Weiß-Kombinationen 96, 99
Sandstein 87–89
Sanitärobjekte 52
Satin 14, 75, 79
Schaffell, Decke 135, 138
Schatten
Beleuchtung 103, 106, 107
dekorative Beleuchtung 112
Natur, Inspirationen 14
Stein-Fußboden 17
Terrassen 60, 61
Weiß 94
Schiebetüren 50, 51, 122, 123
Schiebevorhänge und Rollos 21, 55, 74
Esszimmer 42
Fensterdekorationen 130
Maßstab und Proportion 64
Raumteiler 132
Sand-Kombinationen 86
Stoffe 128, 129

Taupe-Kombinationen 80
Schlafzimmer 27, 46, 47, 69
Arbeitszimmer 55
Atmosphäre 63, 135
Beleuchtung 107, 112
Blumen 165
Fensterdekorationen 132
Kamin 39
Kissen 138
Kopfteil (Bett) 134
Korbsessel 17
Lieblingsstücke 29
Luxus 24
maßgetischlerte Einbauschränke 124
Nischen 148
Sand-Kombinationen 87
Shoji-Paneele 132
Taupe-Kombinationen 79, 80
Türen 122
Waschbecken 51
Weiß 94
Schränke 52, 69, 121, 123
maßgetischlerte Einbauschränke 124
Seide 23, 24, 83, 129
Decken 140
Fensterdekorationen 133
Kissen 138
Läufer 140
maßgetischlerte Einbauschränke 124
Sand-Kombinationen 87
Tagesdecke 134
Überwürfe 140
Weiß 94
Seil 14, 21, 162
senkrechte Linien 69, 71
Sichtschirme 21, 50, 123
Silber 22, 76, 79, 80, 160
Sisal 82, 83, 88, 89, 99
Sitzbereich 64
Sitzmöbel 40, 74
Sofas
Kissen 139
Maßstab und Proportion 64, 67
Stoffe 129
Taupe-Kombinationen 79
Tischplatte, Präsentation 160
Velours 49
Wohnzimmer 40
Spiegel
Badezimmer 51
Beleuchtung 106
Farbe und Textur 74
Lieblingsstücke 28, 29
maßgetischlerte Einbauschränke 124
Maßstab und Proportion 64, 66
Taupe-Kombinationen 76, 80
venezianischer 93
Wandbefestigung 156
WC 52
Stehlampe 63, 111
Stein 14, 18, 21, 50
Badewanne 27, 51
Dusche 51
Flure und Dielen 56, 57
Fußboden 17, 64
Holz und 56
Sand-Kombinationen 86
Taupe-Kombinationen 79, 82, 83
Terrassen 60, 61

Waschbecken 52
WC 52
Weiß-Kombinationen 96
Stoffe 128, 129
Strahler 43, 56, 63, 104
Strahler, im Boden versenkte 111, 112, 166
Stühle und Sessel
 Accessoires zu Taupe 79, 80
 asiatische 58
 Clubsessel, Leder 74
 Decken und Überwürfe 140
 Drehstühle 46
 Esszimmer 42, 43, 92
 gepolsterte 55
 Holz und Geflecht 43
 Korbsessel 17
 Leder und Chrom 28
 Lieblingsstücke 28, 29
 Plexiglas 55
 Sand-Kombinationen 86
 Stoffe 128, 129
 Symmetrie und Ausgewogenheit 69
 verzierte 27
 Wengé 12
Symmetrie 68–71
 Bilder 154
 Einbauten 146
 Maßstab und Proportion 65
 Wohnzimmer 40

Tagesdecken 76, 79, 80, 134, 140
Taupe 74, 76–83,
 Accessoires zu 80
 gestalten mit 82, 83
 Kombinationsregeln 79
 Weiß-Kombinationen 96, 99
 Teppich, Ziegelfell 23, 24, 74
Teppiche 64
 Sand-Kombinationen 84, 88, 89
 Taupe-Kombinationen 79, 80, 82, 83
 Weiß 94
Terrassen 60, 61
Terrazzo 44, 89, 92
Textur 27, 42, 69, 72–99
 Atmosphäre 63
 Bereichsbegrenzung 43
 Creme-Kombinationen 90–93
 Decken 140
 Fensterdekorationen 130
 globale Einflüsse 18, 21
 Kissen 136, 138, 139
 Küchen-Fußboden 44
 Läufer 140
 Marmor Badezimmer 17
 maßgetischlerte Einbauschränke 124
 Maßstab und Proportion 66
 Regale 150
 Rohweiß-Kombinationen 90–93
 Sand-Kombinationen 84–89
 Stoffe 129
 Tagesdecken 134
 Taupe-Kombinationen 76–83
 Terrassen 61
 Tischplatte, Präsentation 158
 Türen 122
 Überwürfe 140

Vasen 163
 Weiß-Kombinationen 94–99
Tische 69, 74
 Arbeitszimmer 55
 Bronze 18, 40
 Couchtische 67
 Holzarbeiten 84
 Läufer 140
 Maßstab und Proportion 64, 67
 Nachttische 46
 runde 71
 Stoffe 128, 129
Tischlampe 103, 107
Tischlerarbeiten 116, 121
Töpfe 24, 51
Treppe 27, 36, 56, 152
Treppenhaus 14, 36, 104
Trommeln, afrikanische 18, 36
Türen 39, 64, 66, 71, 122, 123
 Accessoires zu Taupe 80
 Einbauschränke 121, 124
 Flure und Dielen 56
 gepolstert 23
 Schiebetüren 50, 51

Urnen 61, 64, 76, 165

Vasen 29, 69, 162, 163
 Badezimmer 49
 Blumen 164
 Glas 17, 21, 43, 67, 89, 144
 Kugelform 89, 140, 152, 160
 Murano-Glas 51, 80
 Reagenzglas 58
 Regale 150, 152

Sand-Kombinationen 86, 89
 Schlafzimmer 46
 Taupe-Kombinationen 80
 Weiß-Kombinationen 97
vertikale Linien 69, 71
Vorhänge und Gardinen 36, 39, 69
 duftige 21
 Fallschirmseide 39
 Fensterdekorationen 130, 132, 133
 Leinen 12, 42, 103
 Luxus 24
 Schlafzimmer 46
 Taupe-Kombinationen 76, 79
 transparente 56, 76, 99, 129
 Weiß 36, 98

Wände 33
 Beleuchtung 105, 107
 Creme, Esszimmer 92
 gepolstert 23
 Sand-Kombinationen 84, 87
 Taupe-Kombinationen 80
 WC 52
 Weiß-Kombinationen 99
Wandlampen 29, 39, 111, 112
Waschbecken 50–52
 Accessoires zu Sand 87
 Sandstein 96
Wasserhähne 23, 50, 52
Wasserspiele 61
WC 27, 29, 52, 53
Weiß 44, 74, 75, 94–99
Wildleder 83, 87, 89, 134
Windlicht 63

Wohntextilien 39, 116, 126–141
 Decken 140
 Fensterdekorationen 130–133
 Kissen 136–139
 Kopfteil (Bett) 134, 135
 Läufer 140
 Polster 136–139
 Stoffe 128, 129
 Tagesdecken 134, 135
 Überwürfe 140
Wohnzimmer 18, 24, 40–43, 63, 74
 Deckenhöhe, doppelte 39
 dekorative Beleuchtung 112
 Einbauschränke 121
 Heimbüro 63
 Luxus 24
 Maßstab und Proportion 67
 Präsentation 145
 Sand-Töne 84
 Stoffe 128
Wolle 14, 75, 83, 89, 129
 Bettdecke 79
 Creme-Kombinationen 92
 Tagesdecke 134

Zen-Einflüsse 21, 69
 Badezimmer 51
 Präsentation 145
 Schlafzimmer 46
 Taupe-Kombinationen 76
Ziegenfell-Teppich 23, 24, 74

Dank

Zuerst möchte ich allen meinen Auftraggebern danken, die uns die Erlaubnis zum Fotografieren in ihren Wohnungen gegeben haben. Ohne ihre großzügige Gastfreundschaft hätte dieses Buch nicht entstehen können. Ein herzlicher Dank auch an mein Team bei KHI. Dankeschön Lisa Gibbs; Fabienne Finkelstein; Francesca Rossi; Didi Tapanlis; James Nielsen; Richard Stevens, Alex Bennaim, Avni Avram und Heloise Askew, dass ihr alle Projekte so reibungslos abgewickelt habt.
Besonderer Dank an Olivia Lewzey, die das Rückgrat von KHI und ein wahrer Engel ist, für ihre verlässliche Unterstützung. Michael Lindsay-Watson hat sich als Fels in der Brandung großen

Dank verdient, ebenso Kim Jackson, deren Einfallsreichtum und Kreativität auf jeder Seite zu spüren ist. Vielen Dank euch allen.
Danken möchte ich auch John Carter für seine unerschöpfliche Kreativität und sein intensives Eingehen auf meine Auftraggeber und mich.
Dank an Rica, die unser Leben in Ordnung gehalten hat – ohne dich wäre das Leben scheußlich.
Dank an Helen Chislett für ihre verständnisvolle Interpretation meiner kreativen Welt, und an Vincent Knapp, der meine Interieurs genau so fotografiert hat, wie ich sie mir gedacht habe.
Danke an Lawrence Morton für sein einfallsreiches Design und an Bella Pringle für das sorgfältige Lektorat.

Danke an Luciano Giubelli, mit dem ich außergewöhnliche Gärten gestalten durfte, und an Doreen Scott, eine Magierin der Stoffe.

Danksagungen zu den Fotos:
Grant bei C Best – für die freundliche Ausleihe der Vasen.
Peter Adler – wir wissen seine Unterstützung bei den Aufnahmen auf S. 16/17 sehr zu schätzen.
Architekten: Koski Solomon Ruthven:
unten links 24, 34, 35, 38, 39, 42, oben rechts 43, 45, unten links 48, 49, 53, 54, unten links 55, oben links und oben rechts 66, unten links 84 und 85, 102, 118, 119, 120, 121 oben Mitte, 122 oben Mitte links, 125 oben links, 126, 149 oben.